괜찮아 나도 그랬으니까

이근후 정신과 전문의가 알려주는 서툴지만 내 인생을 사는 법

괜찮아
나도
그랬으니까

이근후 정신과 전문의가 알려주는 서툴지만 내 인생을 사는 법

이근후 지음
조은소리·조강현 그림

가디언

살다 보면 뜻하지 않은 횡재를 하는 경우가 있다. 나도 이런 경험을 했다. 2013년 내가 낸 수필집 《나는 죽을 때까지 재미있게 살고 싶다》가 베스트셀러가 되었다. 그 이전에도 책을 많이 냈지만, 베스트셀러가 된 것은 이 책이 처음이었다.

이를 기점으로 매년 책을 냈는데 지금 이 책이 그 이후에 나오는 12번째 책이다. 올 초에 가디언 출판사 대표님과 편집자가 찾아와 책 한 권을 내고 싶다고 했다. 기획된 내용을 들어보니 '서투름'이라는 키워드에 관한 글들을 모아 한 권의 책으로 엮자는 것이었다.

나는 곧바로 좋다고 했다. 이유는 크게 두 가지였다.

첫 번째 이유는 출판사 대표님이 나를 섭외하려는 이유가 내가 출판사들이 원고를 의뢰하고 싶어 하는 영순위 작가라고 했기 때문이다. 아, 내가 영순위라니…. 듣기는 좋지만, 그 말만 믿고 글을 쓸 어린 나이가 이제는 아니다. 그럼에도 불구하고 승낙한 이유가 있다.

나는 원래 글을 쓰는 재주가 없다. 하지만 많은 사람이 내게 글을 청탁했다. 그리고 나는 단 한 번도 청탁을 거절해 본 적이 없다. 나처럼 글재주가 없는 사람에게 글을 청탁해 주는 것이 너무 감사했기 때문이다. 그래서 고마운 마음으로 내가 가진 모든 것을 담아 정성을 다해 글을 썼다.

혹시 베스트셀러가 된 책도 출간했으면서 이런 말이 너무 겸손하다고 생각하실 분이 있을지 몰라 내 글재주를 소개해 본다. 초등학교 4학년 때 해방이 되었는데 담임 선생님은 이 감격스러움을 인근 공원에서 즐기며 자유 제목으로 글을 지어보라고 했다. 2시간 동안 이런저런 공상속을 헤매다 결국 단 한 글자도 적지 못하고 있었다. 급하게 마무리를 짓기 위해 쓴 최초의 문장은 이러했다. "나는 작문을 지으러 달성공원에 왔다." 이런 글재주이니 겸손의 말이 아니라 솔직한 나의 고백이다.

두 번째로 승낙한 이유는 이렇다. 마음고생에는 여러 가지가 있지만, 그 가운데 하나가 바로 '서투름'에 대한 불안과 공포이다. 나는 이런 불안과 공포로 인해 힘들어하는 분들을 치료하고 상담하며 일생을 살아왔다.

내가 보았던 분들은 자기가 하고자 하는 것에 대한 간절함이 있었다. 그러나 그들은 서투름에 대한 불안이나 공포, 그 서투름을 다른 사람이 지적할 것에 대한 두려움 때문에 하고 싶은 것을 행동에 옮기지 못하는 경우가 많았다.

출간을 승낙한 후 짧은 원고 100편을 써서 출판사에 보냈고 그중 고르고 골라 나온 것이 바로 이 책이다. 서투름으로 인해 마음고생을 하는 분들을 생각하며, 그리고 나도 고통스러웠던 여러 가지 경험을 되돌아보며 이 책을 썼다.

나이가 들어 지금까지 살아온 경험을 서투름에 맞추어 되돌아보니 서투름이 서투름으로만 그치는 것이 아니라 쌓이고 쌓여 결국 익숙해진다는 것을 알 수 있었다. 그것을 알아차리는 데는 이만한 세월이 지나야 하나 보다.

서투르다는 것은 첫출발이고 여백이 많다는 뜻이다. 그리고 이 여백이 많다는 것은 누구나 이 여백을 창의적인 삶으로 메꿀 수 있다는 것을 의미하기도 한다.

서투름이 없다면 어찌 익숙함이 있겠는가. 서투름의 축적이 결국 익숙함이 된다는 것을 굳게 믿었으면 하는 바람이다. 서투름이

차곡차곡 쌓여 익숙해지면 그 누구도 따라 할 수 없는 완성품이 될 것이다.

이 책이 독자분들의 사랑을 받았으면 한다. 이제는 나이가 들어 진료를 볼 수 없으니, 글로나마 많은 분에게 선한 영향을 끼쳤으면 하는 바람이다.

이 소재로 글을 청탁해 준 가디언 출판사 대표님과 편집자, 그리고 이 책을 쓰면서 내 눈이 되어준 큰딸 이영주에게 감사의 인사를 전한다.

2020년 10월
이근후

차
례

2부 성장과 성공

3부 관계와 소통

4부 생각해 보았으면 하는 것

1부

나만의
인생

엄마 말 안 들어야
성공한다

독립적으로 내 삶을 내가 설계하려면

우선 부모의 과보호로부터 독립해야 한다.

세계보건기구의 요즘 기준에 의하면 17세까지는 미성년자로 분류된다. 이 시기는 청년기를 맞아 자신이 독립적으로 스스로의 삶을 책임질 준비를 하는 시기이므로 '미성년'이라고 이름 붙였을 것이다. 즉, 세상에 어떻게 적응하고 살아가야 할 것인지를 부모의 경험과 가르침을 통해 배워야 하는 시기이다.

　　그런데 부모들은 자유롭게 자신의 삶을 독립적으로 살아가야 할 시기의 아이조차 그들의 가치관대로 학습시키고 싶어 한다.

　　한 고등학교에 초대받아 정신 건강에 대한 강의를 한 적이 있다. 강의 시작 전 교장 선생님이 나에게 이런 양해를 구했다.

　　"교수님. 죄송한 말씀인데 혹시 강의 시간 중에 잠자는 아이들이 있을지 모르니 이해해주세요. 이 학교가 명색이 영재 교육을 하는 학교인데 그런 학생들이 많아요."

'잠은 집에서 자야지…, 왜 학교에서 잘까? 남들보다 더 뛰어난 두뇌를 가진 학생들만 모였다는데….' 강당에 들어가 잠깐 학생들을 둘러보았다. 아니나 다를까, 책상에 엎드려 자는 아이들이 한 둘이 아니다. 나는 어떻게 시작해야 이 잠자는 학생들을 깨워 내가 하고 싶은 말을 들려줄 수 있을까 생각하다가 칠판에 강연 제목을 이렇게 썼다.

"엄마 말을 안 들어야 성공할 수 있다."

강연 제목이 엉뚱하게 보였는지 곁에 있는 학생들이 잠자는 학생들을 깨웠다. 엄마 말을 안 들어야 성공한다는 말은 설명 없이는 오해하기 쉬운 제목이다.

이 말을 한 의도는 이렇다. 부모로부터 학습 받는 시기는 미성년인 17세까지이다. 그때까지 부모의 경험을 통해 사회 적응 방법을 학습하고, 청년기에 이르면 독립적으로 자기가 생각하는 자기만의 삶을 독창적으로 계획하고 살아야 한다는 것이다. 그리고 부모들의 과보호는 아이들이 독립적인 자기 계획을 갖고 삶을 살아가게 하는 능력을 잃게 만든다는 것이다. 즉, 부모의 과보호를 지적하고, 학생들에게 그 과보호에 안주하지 말 것을 일러주고 싶었

괜찮아 나도 그랬으니까

다. 아마 잠자다가 일어나서 내 말을 들은 학생들은 부모의 과보호 등쌀에 이 학교까지 왔을지도 모른다. 설령 그렇다 하더라도 지금부터는 미성년기를 충실히 학습하고 청년기에는 명실상부한 독립적인 자기 삶을 찾을 수 있는 능력을 길러야 할 것이다.

부모에게 의존하면 득이 되는 것도 없지는 않다. 그러나 그 득을 누리는 만큼 부모에게 되돌려드려야 할 의무도 무겁다는 것을 알아야 한다.

온전한 '나'가 되려면 독립적으로 내 삶을 내가 설계할 수 있어야 한다. 그러려면 우선 부모의 과보호로부터 독립해야 한다.

엄마에게 물어보고요

기회를 잘 맞추면 건강한 자녀가 된다.

자녀는 부모를 이길 수 있어야 건강하다.

조금 진부하지만 부모에게 효도하라는 말이 있다. 나는 의문이 생겼다. '왜 자식에게만 효도하라 하고 부모는 자식에게 어떻게 해야 한다는 말이 없는가?' 그래서 선배 교수에게 질문을 드렸는데, 이 말의 전체문장은 원래 '부모는 마땅히 자녀에게 자애롭고 자녀는 부모에게 효도하라'라는 것이라고 답해주셨다.

답을 듣고 나서 또 의문이 생겼다. '그렇다면 왜 앞말은 빠지고 자식에게만 효도를 강요했는가?' 그분은 부모는 자식을 사랑하지 말라고 해도 넘치게 사랑하고, 자녀는 효도하라고 해도 잘 하지 않기 때문에, 부모의 이야기는 생략하고 자녀들이 효도해야 한다는 것만 강조되어 내려왔다고 했다. 설명을 듣고 나니 모든 의문이 풀렸다.

대학교수로 있을 때 당황스러운 경험을 한 적이 있다. 한 수강생 어머니의 전화 한 통을 받았다. 자기 딸이 몸이 아파 결석을 해야 하는데, 자기가 대신 와서 수업을 들으면 출석처리가 되는지를 물었다. 또 한 번은 한 어머니가 딸을 데리고 상담실로 찾아왔는데, 옛날에는 딸이 말을 잘 들었는데 요즘은 청개구리처럼 말을 잘 듣지 않는 것이 고민이라고 했다. 그러면서 딸이 이 나이에 남자 친구도 하나 없다고 푸념을 했다. 나는 당사자인 여학생을 면담해 보았다. 이 학생의 절규는 이렇다.

"내 생활이 없어요. 어머니가 지시하는 대로 행동해야 해요. 수강신청도 어머니가 했고, 끝날 시간이면 차를 가지고 와서 후문에서 기다리다가 나를 태우고 집에 가요. 이렇게 하고선 만나는 사람들마다 제가 순진해서 만나는 사람도 없다고 이야기를 해요."

이 두 사례를 보면 어머니가 갑이다. 딸을 갑의 손바닥에 올려놓고 마음대로 좌지우지한다. 부모는 마땅히 자식에게 자애로워야 한다는 옛날의 가치관이 지나쳐도 너무 지나친 사례이다.

다른 사례로 조울증으로 고생하는 선배님 한 분을 성심성의껏 치료한 적이 있는데, 예후가 별로 좋지 않았다. 나는 나의 스승님께 이 사례를 말씀드리고 조언을 구했다. 스승님은 "그 병은 아버지가 돌아가셔야 낫는 병이다"라고 말씀하셨다. 치료했던 선배님의 아버지는 장관, 국립대학 총장을 지내신 분인데 부모가 너무

거목이면 자녀는 그 거목 밑에서 자신의 정체감을 가지고 살아가기가 어렵다는 해석이었다. 아니나 다를까, 선배님은 그의 아버님이 세상을 떠나신 후에는 한 번도 입원하지 않았다.

여러 사례를 본 결과, 부모가 자녀를 놓지 않는 경우도 있고, 반대로 자녀가 부모의 기에 눌려 의존만 하는 경우도 있다. 이 둘 모두 바람직하지 않다. 부모는 자녀가 혼자 이 세상을 살아갈 수 있게 돕는 것이 바람직하다. 마찬가지로 자녀는 부모의 손바닥 위에서 말만 잘 들으면 일생을 편하게 살 수 있을 것이라는 무의식적인 소망을 버려야 한다.

문제는 언제 부모와 정서적인 거리를 두고 독립된 자신으로 살아갈 수 있는지, 그 적기가 언제인가 하는 것이다. 의존적인 사람은 기간이 길 것이고, 독립적인 사람은 기간이 짧을 것이다.

성인이란 누군가에게 의존하지 않고 자력으로 문제를 해결하며 책임 있게 행동하는 것을 말한다. 부모의 지나친 자애로움과 자녀의 지나친 의존성은 자녀가 건강하고 독립된 한 성년으로 성장할 기회를 잃게 만든다. 부모와 자녀의 관계는 넘쳐도 탈이고 모자라도 탈이니…. 참 미묘하다.

기회를 잘 맞추면 건강한 자녀가 된다.
자녀는 부모를 이길 수 있어야 건강하다.

기획한 인생은 베스트라이프!!!

"명심하세요. 잘 기획한 책은 '베스트셀러'가 됩니다.

마찬가지로 잘 기획한 인생은 '베스트라이프'가 됩니다."

사람은 태어나서 죽을 때까지 다양한 경험을 하지만, 사람이 살아가는 방법을 보면 거기서 거기다. 나라에 따라, 지역에 따라 조금씩 차이는 있겠지만, 크게 보면 공통점이 더 많다.

그럼 어떻게 하면 조금 더 특별하고 재미있게 살 수 있을까?

나는 2013년《나는 죽을 때까지 재미있게 살고 싶다》라는 수필집을 내어 40만 부가 넘는 베스트셀러 작가가 되었다. 고맙고 즐거운 일이지만, '내가 낸 수필집이 한두 권이 아닌데, 왜 유독 이책만 베스트셀러가 되었을까?' 하는 궁금증도 생겼다.

가만히 생각해보니 이전에 내었던 수필집은 여러 매체에 기고했던 원고를 모아 출간한 것들이다. 베스트셀러가 된 수필집은 일년이 넘는 기간 동안 기획, 인터뷰, 집필 등의 과정을 통해 출간되었다. 말하자면 앞의 책은 기획이 없었고, 베스트셀러가 된 책은 '어떤 독자가 읽을까', '어떤 내용을 쓸까' 하는 것들을 출판사와 함께 기획하여 출간했다.

이 책 덕분에 전국각지에서 강연 요청을 받고 즐겁게 뛰어다녔다. 나는 독자들과 만나기 전에 어떤 이야기를 해드리면 좋을까를 항상 생각한다. 독자의 연령층, 성격 등을 고려해 맞춤형 강연을 하는데 끝에 가서 잊지 않고 꼭 해주는 이야기 한 줄이 있다. 이 말은 내가 생생하게 경험하고 내린 결론이다. 수필집을 스무 권 가까이 출간했지만, 모두 재판수준을 넘지 못했다. 기획한 책이 아니었기 때문이다. '한 살이라도 젊을 때 이런 생각을 할 수 있었다면…' 하는 아쉬움을 가지며 젊은 독자분들께 이 말을 선물하고 싶다.

"명심하세요. 잘 기획한 책은 '베스트셀러'가 됩니다.
마찬가지로 잘 기획한 인생은 '베스트라이프'가 됩니다."

나는 나다

면접에 모범 답안은 없다.

나는 나라고 자신 있게 표현하는 길밖에는 없다.

학교를 졸업해도 마땅한 직장을 찾기 힘든 시대이다. 지인의 아들은 여러 곳에 시험을 봤는데 필기는 합격했으나 번번이 면접에서 낙방했고, 그러다 보니 기가 많이 죽어 있었다. 면접에서 떨어지면 자기를 거부한 것으로 인식된다. 심하면 자기 비하로 연결되어 삶의 용기를 잃는 경우도 생길 수 있다.

이 이야기를 하는 이유는 면접자가 면접관의 눈에 들기 위해 인위적인 태도를 보이기보다, 있는 그대로의 자기를 설명할 수 있는 것이 필요하지 않을까 하는 생각이 들어서이다.

대학생 때 심리학 강의를 듣는 첫 시간에 교수님이 교단에서 이런 말씀을 하셨다. "심리학이란 무엇인가? 심리학은 심리학이다." 우리는 교수님의 이 말씀을 듣고 폭소를 터뜨렸다. 심리학을 설명하면서 심리학이 심리학이라니. 웃지 않을 수가 없었다.

비슷한 예로 정신과 학회에서 경봉 스님을 모시고 '자아의 정체감과 주체성'이라는 주제로 강연을 들은 적이 있다. 놀랍게도 스님은 "나는 나다"라는 첫 말씀으로 강의를 시작했다.

이 두 분의 말씀은 모두 정체성을 확인시키는 강렬한 발언이었고 내게 깊은 인상을 남겼다.

면접에 실패한 지인의 아들에게 "나는 나다"라는 말로 자신을 회복하도록 권해보았다. 면접관의 취향에 맞추어 답하려고 하지 말고, 내가 가진 능력에 대한 자신감을 갖고 나를 표현해보라고 했다. 내가 어떤 사람인지를 가감 없이 정확히 전할 수 있는 능력이 중요하다. 면접에서 여러 번 떨어지는 것은 회사가 요구하는 역할 기준에 맞지 않아서일 뿐이다. 다른 이유는 없다. 내가 못나서 그런 것이 아니라는 말이다.

구직자는 자기의 주체성을 인정해주고 자기에게 맞는 회사를 찾는 데 노력을 기울여야 한다. 그러기 위해서는 결국 내가 나의 적성과 성향을 누구보다 잘 알고 있어야 한다.

똑같은 대답으로 일관하는 수많은 면접자 중에서 당당하게 '나는 이런 사람이다, 나는 나다'라고 보여주면 된다. 그럼 나와 맞는 회사의 면접에서 합격할 수 있을 것이다.

면접에 모범 답안은 없다.

나는 나라고 자신 있게 표현하는 길밖에는 없다.

나도 외모 콤플렉스가 있었다

열등감의 극복은 자기의 신체상을 사랑하는 것에서부터 시작한다.

'나는 나다'라는 나만의 자신감을 잃지 말자.

"박사님 젊은 시절에는 참 미남이셨겠어요. 키도 크시고….”

처음 만나서 이런 인사를 받으면 무안하다. 겨우 회복한 내 신체 이미지에 대한 콤플렉스를 자극하는 것 같아 마음이 좀 불편한 것도 있다. 미남이라고 치켜세우는데 기분 나쁠 것은 없지만, 옛날의 콤플렉스가 되살아나서 불편하다는 뜻이다.

우선 내 별명은 '꽁치'였다. 키가 178cm이니 당시 기준으로 큰 편에 속하는 것은 맞다. 그러나 미남이라는 것은 좀 그렇다. 키에 비해 몸무게가 55kg밖에 안 되었으니 난민 같은 인상이다. 당시에는 몸이 좀 뚱뚱한 사람을 얼마나 존경하고 부러워했는지 모른다. 이것이 신체에 대한 나의 콤플렉스이다.

요즘은 성형 의술이 발달되어 어릴 때 얼굴을 유추하기가 어렵다. 아이돌이나 여러 연예인을 보면 누가 누구인지 구분할 수 없을 정도로 똑같은 마네킹 같다.

내가 경험했던 성형한 많은 사람은 객관적으로 그 정도면 성형하지 않아도 될 법한 경우가 많았다. 그런 사람이 성형을 습관적으로 하고, 성형외과를 두루 순례하는 경우도 많이 보았다. 이미 예쁜데 무엇이 부족해서 자기의 신체를 바꾸는 걸까?

많은 사연이 있겠지만 정신과적 한 가설을 인용해 설명하면 이런 설명이 가능하다. 우리가 어릴 때 자기의 신체상을 인식하는 방식은 두 가지가 있다. 첫째는 자기가 평가하는 자기의 신체상. 둘째는 타인이 자기를 평가하는 신체상이다. 이 두 가지가 어우러져 자기의 신체상에 대한 개념이 생긴다.

이 혼합과정에서 어느 쪽을 선택하는가가 문제이다. 심리적으로 건강한 사람은 자기 신체상을 중심으로 타인의 주장을 참고한다. 그렇지 못한 사람은 자기 신체상에 대한 확신이 없고, 타인이 평가하는 신체상을 자기의 것처럼 받아들인다. 그리고 이것이 신체상에 대한 열등감이 된다.

신체상이 형성되는 과정이 자기보다 타인의 주장을 중요시하는 열등감에서 시작한다면, 결국 성형은 열등감과 연결될 수밖에 없는 심리적 반응이다. 해결 방법은 어떻게 열등감을 극복할 수 있을까에 있다.

한때는 성형수술로 곱게 보일 수 있을지 모르지만, 나이가 들수록 그 곱게 꾸민 얼굴은 결국 내 얼굴이 아님을 깨닫게 될 것이다. 젊다는 것은 젊음 그 자체가 아름다움임을 알았으면 좋겠다. 이미 아름다운데 무엇을 덧칠하여 더 아름답게 만들겠다는 것인가? 신체상에 대한 열등감에서 벗어나기만 해도 아름다움을 더할 수 있다.

열등감의 극복은 자기의 신체상을 사랑하는 것에서부터 시작한다.
'나는 나다'라는 나만의 자신감을 잃지 말자.

착각이 있어야 통찰에 이른다

통찰이란 별것이 아니다.

나를 바르게 볼 수 있는 것이 통찰이다.

착각은 대상이나 상황을 잘못 지각하고 해석하는 경우를 말한다. 비슷한 용어로 환각도 있다. 이는 대상이나 상황이 없음에도 불구하고 마치 있는 것처럼 지각하는 것이 착각과 다르다. 착각이든 환각이든 심하면 망상으로 이어질 수 있는 위험한 지각이다.

10년 동안 정말인 줄 알고 있다가 어느 날 이것이 착각임을 알고 통찰에 이른 적이 있다. 대학 입시를 준비할 때 나는 내가 미술대학에 갈 것으로 생각했다. 조금의 의심도 없었다. 그러던 중 어느 날 갑자기 내가 미술대학에 합당한 사람인지 궁금했다. 찬찬히 생각해보았다. 결론은 '아니다'였다.

나는 내가 미술대학에 적합한지를 따져보기로 했다.

먼저 미술을 비롯한 예술은 소질이 있어야 한다. 소질은 타고나는 것인데 나는 그런 소질이 없었다. 그다음은 창의성이다. 대상을 보고 그림을 비슷하게 그리는 것은 노력만으로도 가능하다. 하지만 창의성은 노력만으로는 생기지 않는다.

이 두 가지가 미술을 할 수 있는 핵심적인 자질인데 생각해보니 나는 두 가지가 모두 없었다. 그럼 왜 나는 10년 동안 그림에 재주가 있다고 착각하고 그때까지 그림을 그렸을까?

초등학생 때 미술 시간이었다. 베토벤이나 아그리파 같은 석고상을 걸어 놓고 데생을 하는 수업이었다. 수업에 늦게 들어가 자리가 없었다. 친구들이 좋은 자리를 다 차지해서 남은 자투리 자리에 이젤을 세우고 그림을 그렸다. 그러던 중 미술 선생님이 내 그림을 가지고 가서 칠판에 붙여놓고 "그림은 이렇게 그려야 한단다. 구도를 이렇게 잡는 것이 참 창의적인 것이다"라고 말씀하셨다. 선생님은 그 후로 창의성을 이야기할 때마다 내 그림을 예로 들었다.

창의성이 뭔지도 모르면서 선생님의 칭찬에 눈이 어두워졌다. 그리고 내가 그림을 잘 그리는 사람이라고 착각하기 시작했다. 중학생, 고등학생 때까지 미술반에 들어가서 열심히 그림을 그렸다. 신이 나서 그리고 또 그리면서 많은 칭찬을 받았다. 미술전에 출품하여 상도 몇 번 타보았다. 그러다 보니 친구들이나 선생님들에게는 내가 그림을 잘 그리는 학생으로 각인돼 있었다.

그런데 막상 미술대학에 진학하려고 깊게 생각해보니, 지난 10년 동안의 외부적인 칭찬만 믿고 내가 정말 창의적인 그림을 그리는 사람인 줄 착각하고 살았다는 것을 깨달았다. 그래서 진로를 바꾸어 의과대학을 갔고 일생을 정신과 전문의로서 학생 교육과 환자 진료를 하며 보냈다.

지금 생각해보면 착각 속에서 그림을 즐겁게 그렸던 것도, 미술에 자질이 없다는 것을 통찰한 것도 모두 신기하다.

착각은 자유다. 자리가 없어서 구석에서 데생한 내 그림을 보고 선생님은 창의적이라고 착각을 하신 것이었다. 그 착각을 믿고 내가 정말 창의성이 있는 학생인 줄 알고 지냈으니 참 미련하기도 하다.

중요한 것은 내가 미술대학에 갈 수 있는 자질이 없다는 사실을 통찰할 수 있었다는 것이다. 착각이 있었기 때문에 통찰에 이를 수 있었을 것이다. 착각도 고마웠고 통찰은 더더욱 고마웠다.

통찰이란 별것이 아니다.
나를 바르게 볼 수 있는 것이 통찰이다.

흙수저는 평생
흙수저로 살아야 할까?

내가 개척하고 책임지는 것이 나의 인생이다.

누구든 인생의 마지막 순간은 금수저로 마무리할 수 있다.

금수저. 흙수저. 출생 신분을 구분하는 유행어이다.

친한 친구 중에 흙수저 출신이 있다. 집은 가난했지만 모든 것을 잘하는 친구였다. 공부면 공부, 운동이면 운동. 무엇하나 빠질 것 없이 나보다 잘했다. 나는 금수저라고 할 수는 없지만, 흙수저는 면한 수준의 집에서 태어났다. 그러니 집안 사정을 빼면 내가 그 친구보다 나은 것은 하나도 없었다.

어릴 때 내가 어른이 되면 이 친구는 내가 먹여 살려야 할 친구가 아닐까 하는 엉뚱한 생각을 한 적이 있다. 결과적으로 그는 내가 그보다 유일하게 나았던 경제력도 추월했고, 사회적으로도 명망 높은 사람이 되었다. '개천에서 용 난다'라는 속담의 전형적인 경우이다.

어릴 때 생각을 하면 흙수저들이 금수저보다 잘하는 것이 더 많았던 것으로 기억한다. 지금은 세월이 바뀌어서 흙수저에서 약간만 신분 상승을 하려고 해도 옛날 같지가 않다. '개천에서 용 난다'라는 속담은 박물관에나 진열해 놓을 옛말이 되고 말았다.

신분 상승을 하자면 옛날보다 사회적인 경비가 너무 많이 든다. 공부도 돈이 있어야 할 수 있는 시대다. 돈도 돈이 있어야 불릴 수 있다. 모든 것이 이런 '돈'과 연관되어 있다. 인생의 출발점이 달라도 너무 다르다. 흙수저는 출발점 자체가 (금수저보다) 떨어져도 한참 떨어져 있다.

그렇다면 흙수저는 평생 흙수저로 살아야 할까? 이 질문을 스스로에게 던져보길 바란다.

본인의 뚜렷한 목적과 철학을 갖고 인생을 매진한다면 지금도 기회는 얼마든지 있다. 오히려 과거보다 더 많을 수도 있다고 본다. 나는 흙수저로 태어났으니 흙수저로 죽을 수밖에 없다는 좌절과 포기로 일관한다면, 기회가 닥쳐도 잡을 수 없다. 흙수저임을 스스로 비하하거나 낳아준 부모를 원망만 하며 살면 인생은 결국 흙수저로 끝날 것이다.

내 인생은 내가 사는 것이다. 내가 개척하고 책임지는 것이 나의 인생이다. 그렇다면 나는 어떻게 살아야 할까? 스스로 진지하게 자문자답할 수 있어야 한다.

누구든 인생의 마지막 순간은 금수저로 마무리할 수 있다.

나만의 인생

우리는 누구를 믿고
살아야 합니까?

부처님이 80세를 일기로 열반에 들 때 제자들이 물었다.

"우리는 누구를 믿고 살아야 합니까?"

부처님은 "누구에게도 의존하지 말고 자기 자신만을 믿고 의존하라"라는

말씀을 남기셨다.

자기선택과 자기 삶에 대한 책임을 갖고 살라는 말씀이었을 것이다.

인생은 팔자대로 산다고 하지만, 어떻게 사느냐에 따라서 팔자
를 고쳐가며 사는 사람도 많다. 팔자대로 사는 사람이든 그렇지
않은 사람이든 공통점이 있다면, 모두 자기의 삶을 스스로 선택해
서 산다는 것이다. 삶의 방향을 결정하는 것은 최종적으로 자기
자신의 선택이다.

　우스운 이야기 하나가 생각난다. 고등학교 때 친구 이야기이다.
그는 나에게 대학교의 어떤 학과를 선택해서 진학하면 좋을지를
자문했다. 저나 나나 똑같은 처지인데…. 내가 자기보다 더 현명
한 사람도 아닌데 왜 내게 물었을까? 그냥 친한 친구이니까 지나
가는 말로 물어봤을지도 모르겠다.

대학입학 시험을 치려고 할 때가 6·25전쟁의 막바지를 지나 휴전협정이 체결될 즘이었다. 당시 얼른 떠오르는 생각에 이런 말을 해보았다. 지금은 중국을 우리를 침략한 오랑캐 정도로 생각하지만, 역사적으로 중국은 강대국이었다. 휴전하고 종전이 되어 평화가 회복된다면 우리와 중국도 전쟁의 상처를 떨치고 서로 많이 발전할 것이다. 그런 환경이 되면 중국어를 공부한 사람이 많이 필요하지 않을까? 경제나 문화교류가 이루어질 시기가 되면 중국어를 자유자재로 할 수 있는 사람이 필요하게 될 테니, 중국어를 공부하면 성공할 수 있는 길이 많을 것 같다고 말했다. 그는 정말로 내 말을 믿었는지 서울대학교 중국어학과를 입학하여 졸업까지 했다.

학교를 졸업했을 때까지도 우리와 중국은 적대국으로 오래 남았다. 그는 나만 만나면 "너 때문에 중국어를 선택했는데, 이렇게 할 일 없이 백수로 살아야 하니 네가 책임져라"라는 농담 반 진담 반으로 나를 몰아세웠다. 나는 그의 물음에 단지 내 의견을 말했을 뿐이다. 내 말을 듣고 안 듣고는 오로지 그 자신의 선택이다.

정신의학발달사에 최면술과 관련된 일화가 하나 있다. 샤르코(Charcot)라는 정신의학자는 최면은 누구에게나 걸 수 있고 누구나 걸린다고 주장했다. 베른하임(Bernheim)은 최면은 최면에 걸리고자 선택하는 사람에게만 걸린다고 주장했다. 지금 생각해보면 베른하임의 주장이 옳다. 누구나 걸리는 것이 아니라 최면에 걸리고자 선택하는 자만 걸리는 것이다.

이와 같은 맥락에서 생각해보면 삶은 언제나 선택의 갈림길에서 있다. 스스로 생각도 해보고 타인에게 자문도 해보지만, 결국 자기선택에 의존할 수밖에 없다. 타인이 보기에 남의 말만 듣고 산 것 같이 말하는 사람도 따지고 보면 그 말을 선택한 것은 자기 자신이다. 그러니 모든 인생은 변명할 수 없는 자기선택에서부터 출발한다.

부처님이 80세를 일기로 열반에 들 때 제자들이 물었다.

"우리는 누구를 믿고 살아야 합니까?"

부처님은 "누구에게도 의존하지 말고 자기 자신만을 믿고 의존하라"라는 말씀을 남기셨다.

자기선택과 자기 삶에 대한 책임을 갖고 살라는 말씀이었을 것이다.

뒤집기와 뒤집히기

'새옹지마塞翁之馬'라는 말이 있지 않은가.

기다리면 언젠가 뒤집힘의 기회가 있을 것이다.

간혹 TV에서 중계해주는 우리나라 고유의 민속 씨름을 보면 참 재미있다. 씨름을 해 본 적은 없지만, 구경은 많이 했었다. 그냥 보고 느낀 것인데 씨름에는 두 가지로 선수들의 승패가 갈리는 것 같다.

하나는 힘이다. 힘이 센 선수가 이기는 것이 일반적이다. 힘이 세면 그 힘으로 자기보다 힘이 약한 선수를 찍어 누를 수 있다.

다른 하나는 기술이다. 내가 가장 스릴감을 느끼는 씨름 기술 가운데 하나가 '뒤집기'이다. (뒤집기라는 단어가 정확한 용어인지는 잘 모르겠으나) 한 선수가 상대방 선수의 가슴을 파고들어 기회를 보다가, 스스로 모래판에 닿을 듯이 쓰러지면서 상대방을 뒤집어 넘겨버리는 기술이다. 기술로 자신보다 큰 몸집의 선수를 공중으

괜찮아 나도 그랬으니까

로 한 바퀴 돌려 쓰러뜨리는 것을 보면 전율이 오른다.

이 이야기를 언급한 이유는 인생도 지나놓고 보면 뒤집기와 뒤집히기의 연속이라는 것을 느꼈기 때문이다. 인생에서의 뒤집기는 내가 내 힘으로 상황을 바꾸는 것이다. 뒤집히기는 내 힘이 아닌 사회적 변동이나 상황의 변화 때문에 타의로 뒤집히는 것을 뜻한다.

의과대학을 다니면서부터 연세대학에 전임 강사로 안착할 때까지. 15년의 세월 동안 뒤집기와 뒤집히기의 연속 선상에 있었다.

첫 뒤집기는 성격을 바꾼 것이다. 고등학교를 졸업할 때까지는 내성적이었고 그것을 고치고 싶었다. 대학 생활을 하며 뒤집기에 성공했고 외향적인 성격을 가질 수 있었다.

그 이후에 일어난 일들은 뒤집히기였다. 그래서 곤욕을 많이 치렀다. 몇 가지 예를 들면 학생 운동으로 감옥에 갔었고, 5·16이 발생하자 다시 감옥에 재수감 됐다. 만기 출소하고 나서는 수련을 받고 있던 자격을 박탈당해 사회적으로 아무것도 할 수 없는 처지에 놓이기도 했다.

군사정부 시절 무의촌(의료취약지역)을 없앤다는 구실로 강제 동원되어 산골짜기에서 시간을 보낸 적도 있다. 나는 보건사회부를 찾아가 이 산골짜기에는 정신과 의사가 필요 없다고 항변하고 내 자리를 국립 정신병원으로 옮겼다. 나의 두 번째 뒤집기였다.

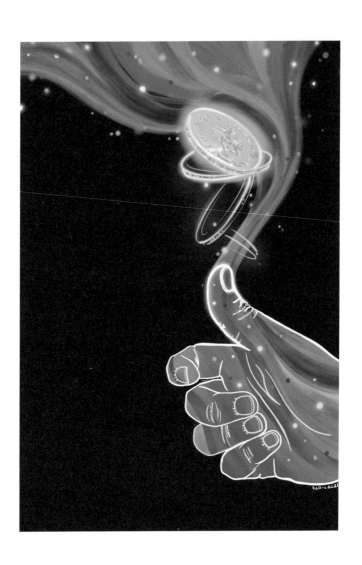

뒤집히기에는 행운 같은 긍정적인 뒤집히기도 있다. 군 제대 후 선배 교수들을 찾아다니며 인사를 드렸는데 예기치 않게 연세대학 의대에서 전임 강사로 일하라는 통지를 받았다. 이런 뒤집힘 이후 상대적으로 안정된 생활을 할 수 있었고 현재의 내가 있게 되었다.

요즘 코로나바이러스가 난리여서 모두가 힘든데 사실 내 손주들 같은 청년들은 그 이전부터 이미 많은 고통을 받고 있었다. 이 고통은 사회적인 뒤집힘 현상 때문이지 청년들의 탓은 아니다.

내 경험을 통해 한 가지 꼭 말하고 싶은 것이 있다. 아무리 지금의 상황이 암울하고 미래가 어둡다고 느껴지더라도, 절대로 뒤집기나 뒤집히기에 대한 희망의 끈을 놓지 말라는 것이다. 희망의 끈을 놓는 순간 기회가 오더라도 그것이 보이지 않을 것이다.

기회는 준비된 자에게 찾아온다. 진부할 수 있는 말이지만, 찾아온 기회를 잡을 수 있도록 항상 준비하고 있어야 한다.

'새옹지마塞翁之馬'라는 말이 있지 않은가.

기다리면 언젠가 뒤집힘의 기회가 있을 것이다.

욜로

어떻게 살 것인지는 개인의 선택이다.

어떤 선택이든 우리의 목표는 일생을 즐겁고 유쾌하게 살아가는 것이 되

어야 한다.

욜로. 나에겐 퍽 생소한 신조어다. 무슨 말인지 손자에게 물었다. You Only Live Once. 미래보다는 현재에만 집중하여 산다는 뜻이란다.

내게 이 말은 미래에 대한 걱정이나 저축 없이, 오늘 당장의 삶과 쾌락을 위해 살아간다는 뜻으로 들렸다. 죽을 때까지 오늘 같은 조건을 계속 유지할 수만 있다면 마다할 이유가 없는 생각이다.

1980년대 초에 한 달간 유럽에 배낭여행을 간 적이 있다. 산을 좋아했기 때문에 주로 알프스산맥을 중심으로 기차가 연결된 곳들을 돌아다녔다. 샤모니에 갔을 때 아주 근사한 카우치 버스(침대 버스)가 한 대 도착했다. 그런 근사한 버스를 본 적이 없었기에 누가 내리는지 흥미롭게 지켜보았다. 내린 사람들은 모두 노인들이었다. 노인들을 버스 옆에 세워놓고 가이드가 말했다. "선생님들, 저기 산꼭대기가 보이죠? 왼쪽에 보이는 봉우리가 그 유명한 몽블랑입니다." 이 말을 들은 노인들은 저마다 그쪽으로 눈을 돌려 가이드가 가리킨 봉우리를 찾으려 애썼다. 그리고 그 짧은 시간을 서 있기가 어려워 작은 등산 의자를 버스 옆에 놓고 앉아서 몽블랑을 쳐다보고 있었다.

　이런 생각을 해보았다. 그들은 은퇴하고 여유로워지면 여행을 다니기 위해 일생을 열심히 일하며 저축했을 것이다. 그런데 막상 여유로운 시기를 맞이해보니 산에 오를 기운이 없다. 젊을 때 열심히 일하는 것도 중요하지만, 틈을 내어 산을 오르는 취미를 저축해두었다면 지금 저 몽블랑을 올라가 볼 수 있었을 텐데⋯. 오로지 일에만 열중했기에 나이를 이기지 못한 것이다.
　또 한편으로는 이런 생각도 해보았다. 욜로를 외치며 하루하루를 소모만 했다면 지금 내가 본 노인들처럼 (기운은 없지만) 안락한 여행을 할 수 있었을까?

　결론은 이렇다.
　미래를 생각하지 않고 하루하루를 쾌락으로 소비하는 것은 바람직하지 않다. 반대로 미래만을 위해 전적으로 저축만 하는 것도 바람직한 것이 아니다. 저축한 것을 미래에 쓸 수 있는 습관도 젊을 때 함께 익혀야 한다. 이 두 가지를 어떻게 적절한 비율로 살아갈 것인지를 고민해야 한다.

어떻게 살 것인지는 개인의 선택이다.
어떤 선택이든 우리의 목표는 일생을 즐겁고 유쾌하게 살아가는 것이 되어야 한다.

2부

/

성장과
성공

성공이냐 성장이냐

성공에 집착해 자기 성장을 방해하는 것은 지양해야 한다.

성공은 한때의 즐거움이지만, 자기 성장은 끝없는 즐거움이다.

사람은 누구나 목표한 뜻을 이루어 성공하기를 원한다. 그런데 이 성공을 만족스럽게 성취하는 사람은 많지 않은 듯하다. 이는 '성공'이라는 단어에 부여하는 의미가 일정하지 않기 때문이다.

성공을 단순하게 목표했던 일을 이룬 것이라고만 정의하기는 어렵다. 성공을 이뤄도 그 성공을 토대로 또 다른 성공을 원하기 때문이다.

성공의 중요성은 많이 아는 반면, 그것을 이루는 과정은 잘 모르는 경우가 많다. 과정이 있어야 결과도 있을 것 아닌가. 과정의 적응도에 따라 목표를 이룰 수도, 이루지 못할 수도 있다.

낯선 단어일 수 있으나 '성공 공포증'이라는 의학 용어가 있다.

이는 일종의 신경증으로 성공을 마지막 결과라고 생각하기 때문에 성공 이후에 허탈해지고 우울해지는 것을 말한다.

나는 성공 공포증이 있는 사람이나 그에 이르는 과정에서 마음이 불편한 사람을 많이 보았다. 그래서 '성공'보다는 '자기 성장'이라는 단어에 더 매료되었다.

성공은 정점이다. 정점 뒤에는 내려오는 길밖에 없다. 반면 자기 성장은 끝이 없다. 신체적인 성장은 끝이 있지만, 심리적인 성장은 한계가 없다. '성장'에 목표를 둔다면 그 발전의 정도는 무한하다. 이 무한한 성장을 심리학에서는 '성숙'이라고 부른다.

현재보다 한 걸음 더 성숙하기 위해서는 '자기 성장'이라는 개념이 필요하다. 자기 성장 개념에서는 나를 남과 비교할 필요도 없고 남의 평가에 지나치게 귀 기울일 필요도 없다. 오로지 나와의 성장 경쟁을 통해 발전할 필요만 있을 뿐이다.

심리적 성숙은 무한하다고 했는데, 이 뜻은 이렇다.

성숙에는 높은 융통성, 바른 현실감, 타인에 대한 배려, 높은 적응력 등의 수많은 조건이 필요하다. 이 조건들은 계량화할 수 없다. 기껏해야 많다거나, 늦다거나, 적다는 정도의 표현밖에 없다. 다만, 이런 조건들을 계량화할 수 있다면 신체적인 한계보다는 훨씬 넓고 무한할 것이라는 뜻이다.

성공은 마디가 짧은 나무이고, 자기 성장은 마디 없이 나의 노력만큼 늘어나는 나무라고 생각하면 좋겠다.

성공에 집착해 자기 성장을 방해하는 것은 지양해야 한다. 성공은 한때의 즐거움이지만, 자기 성장은 끝없는 즐거움이다.

말은 쉬워도 자기 성장의 과정은 어렵다.

그래도 노력해보자.

자기 성장을 위해 노력하는 사람이 끝없는 즐거움을 맛볼 수 있다.

한 우물을 팔까?
여러 우물을 팔까?

요즘은 파볼 우물이 너무 많다.

하나의 우물 '군'을 다양한 각도로 파보는 것은 어떨까?

한 우물을 팔까, 여러 우물을 팔까. 참 쉽지 않은 선택이다. 나같이 나이 든 사람에게 묻는다면 대부분 한 우물을 파라고 조언할 것이다. 우리 때는 직업군이 단순했다. 한 우물만 파도 오래 파면 팔수록 전통과 노하우가 생겨 선망의 대상이 됐다.

지금은 그때와는 비교할 수 없는 다양한 직업군이 생겼다. 손주들이 내게 미래의 직업을 자문할 때가 있다. 내 딴에는 성심성의껏 답하지만, 손주들에게는 하나도 도움이 안 되는 훈수이다. 오히려 손주들로부터 내가 배워야 할 직업군이 너무 많기 때문이다.

"똑같은 하루인데 당신은 어떻게 그런 많은 일을 할 수 있는가?"라는 질문을 받을 때가 있다. 이는 오해이다. 나는 다양한 일을 하는 것이 아니다. 한 주제를 파면서 그와 연관된 여러 가지 일을 많이 하다 보니 그렇게 보이는 것 같다.

나는 직업 특성상 사람 마음에 관심이 많다. 한때 과거 선조들의 생각은 어땠을까 하는 종족적인 심리에 관심을 둔 적이 있다. 이미 역사 속으로 사라진 선조들의 심리를 탐구한다는 것은 쉬운 일이 아니다. 그래서 남아있는 기록들, 벽화, 설화 등을 종합해서 공부한 적이 있다. 하다못해 부처님까지 공부했고 결국 한국석불문화연구회까지 만들어 전국에 있는 석불을 답사한 적도 있다.

이런 사실을 다른 사람이 보면 내가 하는 정신의학과 관계가 없는 일을 한다고 생각하지만, 실상은 그렇지 않다. 이는 모두 내가 하는 치료와 관계있는 것들이다. 사람의 심리를 알아야 하는 내 직업 특성상 꼭 필요한 행위였다.

내가 파는 우물은 하나지만, 그 우물과 관계된 우물은 수없이 많다. 한 우물을 파는 것이 좋을까? 여러 우물을 파는 것이 좋을까?

한 우물을 파되 그 우물과 연관된 여러 우물을 파는 것을 고려해 보자. 한 우물을 파면서 전혀 연관도 없는 다른 우물을 파는 것은 시간 낭비일 수 있다. 그러나 연관된 소소한 우물을 여럿 파다 보면 그것들이 모여 하나의 우물 '군'이 되고, 결과적으로 큰 우물 하나를 판 것이나 다름없게 된다.

요즘은 파볼 우물이 너무 많다.

하나의 우물 '군'을 다양한 각도로 파보는 것은 어떨까?

아! 그래서 떨어졌구나

내가 나를 똑바로 본다는 것은 고통스럽지만,

내가 나의 진짜 모습에 직면했을 때 성장한다.

대입 시험이 참 복잡하고 어려워졌다. 선별방법도 많고 '어느 학교', '어느 과'를 '어떻게 선택'할지 등 고민할 것들이 너무 많다.

재수하려는 학생들도 많다 보니 재수학원도 참 많이 생겼다. 나도 재수생이었다. 그때는 합격자를 학교 게시판에 써서 붙였었기 때문에 합격 여부를 확인하러 직접 학교에 가야 했다. 지원했던 학교 게시판에 붙은 이름을 훑어보았지만 내 이름은 없었다. 이게 웬일인가? 당황과 충격이 함께 몰려왔다. '내가 떨어지다니….' '떨어질 내가 아닌데….'

'왜 떨어진 걸까?'

이 물음에 스스로 답하기 위해 6개월 이상을 고심했다. 가장 객관적인 이유는 점수 미달이었다. 간단한 이유다. 그런데 '떨어질 내가 아닌데'라는 전제를 깔고 있었으니 답이 나올 리가 없다. 학교에서 성적을 잘못 채점했거나, 떨어졌어도 1점 차이로 아깝게 떨어졌을 거라는 되지도 않는 변명을 하며 스스로 자존심을 세웠다. 거품 같은 포장으로 나를 속인 셈이다.

재수 생활은 먼저 서울의 지인 집에서 시작했다. 공부하는 동안 '떨어질 내가 아닌데'라는 생각에 매몰됐고, 건성건성 책장만 넘기는 나날의 연속이었다. 이러다가는 공부가 될 리 없다고 생각하여 외가가 있는 직지사 극락암에 방을 하나 얻었다.

절은 마음을 공부하는 스님들의 거처이다. 그러다 보니 이곳은 공부도 잘될뿐더러 '과연 내가 왜 떨어졌을까'라는 화두에 차분히 접근할 수 있는 환경이었다.

극락암 앞에는 오래된 감나무 한 그루가 있었다. 스님 두 분과 함께 감을 따던 중이었다. 갑자기 '아! 그래서 떨어졌구나!'라는 통찰이 머리를 스쳤다. 수학시험을 망쳤기 때문에 떨어진 것이다. 이렇게 쉬운 이유인데…. 감나무에 감이 열리는 계절까지 그것을 감추고 외부의 탓으로만 돌렸으니…. 참 명청한 나다.

나는 왜 이 간단한 이유를 모르고 헛생각만 한 것일까?

친구 네 명과 함께 의과대학을 지원했다. 그 가운데 내가 제일 성적이 좋았다. 그런데 친구 3명은 합격했고 나는 떨어졌으니 충격을 받지 않을 수 없었다. 그래서 계속 잘못된 전제를 두고 이유를 파고든 것이다.

감을 따다 번개처럼 스쳐 지나간 통찰 덕분에 수학 보충에 많은 시간을 보냈고, 결국 재수에 성공했다.

재수생이 견디기 제일 힘든 것은 공부의 힘듦이 아니라 떨어졌다는 자존심의 상처일 것이다. 그러나 나처럼 거품 같은 그럴듯한 거짓 포장으로 스스로 위안하는 일은 하지 않았으면 한다.

내가 나를 똑바로 본다는 것은 고통스럽지만,
내가 나의 진짜 모습에 직면했을 때 성장한다.

실패한 사람은 없다

'8,800m까지 올라간 사람'

'8,800m까지밖에 못 올라간 사람'

조사 하나, 부사 하나만 바꿔도 성공한 사람이 된다.

실패한 사람은 없다.

"나는 항상 젊은 사람들의 실패를 흥미롭게 바라본다. 젊은 시절의 실패는 곧 성공의 토대가 된다. 실패하고 물러섰던가? 다시 일어섰던가? 젊은 사람 앞에는 이 두 가지 길이 있는데, 이 순간에 성공은 결정되는 것이다."

독일의 군인이었던 몰트케(V Moltke 1958-1988)가 한 말이다.

등반을 마치고 하산하는 등반가들을 만날 때가 있다. 그 등반대가 등반에 성공했는지 실패했는지는 쉽게 알아차릴 수 있다. 실패한 대원들은 기가 죽어 피곤한 상태로 내려오기 때문이다.

1977년 한국산악회가 주관한 첫 에베레스트산 원정대에 참가 한 후배 한 명이 있다. 그는 정상을 앞에 두고 악천후를 맞았고, 그 자리(8,800m 지점)에서 비박을 한 후 베이스캠프로 돌아왔다. 그는 이 첫 번째 등반에 실패했다는 자괴감 때문에 한동안 많이 괴로워했다.

나는 그에게 실패한 것이 아니라고 말했다. 위로처럼 들렸을지는 모르겠지만 실패가 아니라고 주장한 논리는 이렇다.

그는 적어도 8,800m까지는 올라가는 데 성공했다. 단지 남은 거리를 악천후로 오르지 못했을 뿐이다. 관례대로라면 등정에 실패한 것이 맞다. 하지만 그가 '실패'라는 단어에 함몰되기보다 '나는 8,800m까지 올라가는 데 성공한 사람이다'라는 자부심을 가지길 원했다.

실제로 8,800m까지 올라간 사람은 드물다. 더욱이 그런 곳에서 비박을 했다는 것도 놀라운 일이다. 더군다나 살아서 베이스캠프로 귀환했다. 얼마나 대단한가? 어찌 이것이 실패란 말인가?

이 모든 것은 누구도 이룰 수 없는 그만의 경험이고 자산이다. 그는 이후에 이 경험으로 히말라야의 8,800m가 넘는 여러 고봉을 오를 수 있었다.

실패라는 단어는 쓰지 말자. 실패라는 말에 함몰되면 새로운 도전에 이르기까지 자기 자신을 지나치게 괴롭히게 된다. 실패는 내 경험이고 나의 일부다. 즉, 나의 '자산'이다. 실패하든 성공하든 그 주체는 '나'다. 실패했다고 내가 나를 괴롭히면 가뜩이나 모자란 에너지는 어디서 찾을 것인가?

　사람은 누구나 이번 생이 처음이기에 미흡하고 서툴 수밖에 없다. 그런 서투름과 부족함이 쌓여 이 세상 누구도 이루지 못한 나만의 체험적 실패가 된다. 그 실패가 쌓이고 모여 다시 실패하지 않는다면 그것이 성공이다.
　그러니 성공이라는 말을 더 많이 써보자. 그러면 실패한 사람은 없게 된다. 실패라고 생각하는 그 경험만큼 성공한 사람만 있을 뿐이다.

　'8,800m까지 올라간 사람'
　'8,800m까지밖에 못 올라간 사람'

　조사 하나, 부사 하나만 바꿔도 성공한 사람이 된다.
　실패한 사람은 없다.

돌다리는 두들기지 말자

후회하지 않으려면 기회가 닥쳤을 때 서슴지 말고 붙잡아야 한다.

닥쳐온 기회가 나에게 맞느니 맞지 않느니 하는

복잡한 생각은 하지 않길 바란다.

돌다리는 두들기지 말자.

정 두들기고 싶다면 일단 건너고 나서 한 번쯤 두들겨 보자.

'돌다리도 두들겨 보고 건너라.'

이 속담을 보면 두 가지가 생각난다. 돌다리도 두들겨 봐야 하는 것이 맞다는 생각, 돌다리를 두들기다 보면 기회는 저 멀리 가버린다는 생각. 어느 것이 옳은지는 선택하기 어렵다.

돌다리도 두들겨 보라는 말은 매사에 조심하고 잘 생각하여 계획하라는 뜻이다. 반면 돌다리를 두들기지 말라는 말은 매사에 너무 걱정만 앞세우지 말라는 뜻이겠다.

치료했던 환자 한 분은 한강 다리를 건너지 못했다. 자기가 한강 다리를 건널 때 혹시나 다리가 무너지면 어떡하나 하는 불안

때문이다. 얼핏 듣기에도 지나친 걱정이다. 이 환자를 오래도록 치료했지만, 그는 생각을 바꾸지 않았다. 그런데 마침 한강의 성수대교가 무너지는 사고가 있었다. 그는 의기양양하게 자기 말이 맞지 않느냐고 내게 항변했다. 이 환자분 말대로라면 돌다리는 무조건 두들기고 건너는 것이 옳을 수 있다.

사실 일반적으로 생각하면 한강 다리가 무너진다는 것은 드문 일 중에도 드문 일이다. 한강 다리가 무너지는 일을 일상적이라고 해석하는 것은 어렵지 않겠는가.

나는 이 책을 읽는 젊은 독자분들께 돌다리를 두들기지 말아보기를 권한다. 돌다리는 건너라고 만들어진 것이다. 튼튼하든 부실하든 물 위를 건너는 용도로 만들어졌다. 강을 건너려면 무조건 돌다리를 밟아야 한다. 돌다리가 튼튼한지 안 튼튼한지, 이것저것 걱정하다 보면 건너지 못할 수도 있다. 건너야 할 이유가 뚜렷하다면 앞뒤 가릴 것 없이 건너야 한다.

위기라는 말은 '위험'과 '기회'라는 뜻이다. 위험이 곧 기회라는 것이다. 돌다리라는 위험을 두들기고만 있으면 기회는 빠르게 사라지고 만다. (나처럼) 나이가 들어 되돌아보면 '그때 내가 돌다리를 너무 두들겨서 그렇구나'라는 후회가 들 수 있다.

후회하지 않으려면 기회가 닥쳤을 때 서슴지 말고 붙잡아야 한다. 닥쳐온 기회가 나에게 맞느니 맞지 않느니 하는 복잡한 생각은 하지 않길 바란다.

돌다리는 두들기지 말자.
정 두들기고 싶다면 일단 건너고 나서 한 번쯤 두들겨 보자.

비몽사몽 세상

내가 손주나 청년들에게 해줄 수 있는 말은 '그럼에도 불구하고' 정신을

차리고 출구를 찾는다면 출구는 반드시 있다는 것이다.

출구는 좌절하지 않는 사람에게만 보이기 마련이다.

꿈인지 생시인지 모를 어렴풋한 의식상태를 비몽사몽이라고 한
다. 흔하지는 않은 증상인데 잠에서 깰 때 이런 증상을 경험하는
경우가 있다. 보통 나이가 들면 이런 경험을 많이 한다. 지하철에서
노인들이 출구를 찾지 못해 당황해하는 경우를 여러 번 목격했다.
젊은 사람은 혹 출구를 잘못 나왔다고 해도 곧바로 바른 출구로 나
갈 수 있다. 그러나 노인들의 특성을 보면 그 자리에 멍하게 서서
안절부절못하는 모습을 보인다. 나이가 들며 겪는 증상 가운데 하
나이긴 하지만, 막상 내가 경험하고 보니 조금 당황스럽다.

손자와 함께 사무실에서 책 준비를 하기로 한 날이었다. 아침을
먹은 후 출근할 준비를 하고 흔들의자에 앉아 잠시 TV를 보고 있

었다. 그러던 중 잠깐 졸았나 보다. 깨고 나니 말 그대로 '비몽사몽'이다. '몇시나 된 걸까?' 시계를 쳐다보니 3시 50분이다. 당황스럽다. 일을 마치고 퇴근한 것이 5시 반이었는데, 시간이 3시 50분이라니. 도대체 어찌 된 일인가? 당황스럽지만 차근한 마음으로 생각해 보았다.

내가 5시 반에 퇴근한 것은 어제의 일이다. 그러니까 하룻밤을 자고 난 후가 지금인데 어제 퇴근한 시간으로 착각한 것이다.

하나는 해결했다. 그런데 3시 50분이라니. 밖이 훤하니 새벽 3시 50분은 아니다. 그럼 오후 3시 50분이란 말인가? 이상하다. 손자와 함께 출근하기로 약속하고 기다리고 있던 참인데 벌써 오후가 되었다는 말인가? 아침에 한 약속인데 오후 3시 50분까지 손자가 나타나지 않았으니 이 또한 당황스럽고 걱정된다.

초조한 마음에 또 시계를 쳐다본다. 역시 또 3시 50분이다. 문득 '그럴 리가…'라는 한 가닥 의문이 떠올라 시계를 가까이서 쳐다보았다. 가까이서 보니 10시 20분이다. 모든 의혹이 풀렸다. 10시 20분을 분침과 시침을 구분하지 못하고 거꾸로 보았기 때문에 생긴 해프닝이다.

이런 해프닝은 얼마든 있을 수 있다. 다만, 노인에게 발생하면 불안하고 초조한 마음이 먼저 든다. 이는 노인들을 치료하면서 흔히 보아온 현상이다. 그런데 나에게 이런 경험이 생기다니…. 생

각해보면 나도 벌써 그럴 나이에 진입한 지도 한참이다. 내가 나이든 것은 생각지도 못하고 비몽사몽간의 경험을 그렇게 충격적으로 받아들였다는 것이 우습다.

이론상 노인들이 겪는 이런 상황은 당황하지 않고 차분히 생각하면 해결할 수 있는 문제다. 다만 이들은 차분히 여유를 가지기가 어렵다. 나는 이런 경험을 집에서 했으니 차분히 정리할 수 있었지만, 아마 지하철의 환승역이었다면 매우 당황했을 것이다.

지금 청년들은 앞서 말한 원래 뜻과는 다른 '비몽사몽'을 겪고 있는 듯하다. 내 손주 또래의 청년들을 보면 항상 정신이 없을 것 같다. 학교공부도 힘든데 일자리도 없다.

일자리를 구한다고 해도 청년들이 소망하는 목표를 달성할 수 있는 잘 정돈된 사회 분위기도 아니다. 사회의 체계나 분위기 같은 것들이 청년들을 좌절시키는 요인으로 작용하고 있다. 그러니 노인들처럼 차분한 여유로 문제에 대처하는 것이 어려울 것 같다.

그래도 내가 손주나 청년들에게 해줄 수 있는 말은 '그럼에도 불구하고' 정신을 차리고 출구를 찾는다면 출구는 반드시 있다는 것이다.

출구는 좌절하지 않는 사람에게만 보이기 마련이다.

성공하려면 천천히 가라

성공에 이르는 과정은 우리가 처해 있는 당시의 사회 상황이 어떠했는
가에 따라 자연스럽게 결정되는 문제이다.

이제는 우리도 어느 정도의 여유는 생긴 사회이다.

그러니 천천히 가는 습관을 성공으로 가는 길로 삼았으면 좋겠다.

어떻게 가는 것이 성공에 이르는 지름길일까?

이런 질문에는 두 가지 해답이 있을 수 있다. 하나는 차근차근히 해보라는 것이다. 다른 하나는 우리가 이룬 산업화의 압축과정처럼 빨리빨리 서두르는 것이다.

질문에 대한 나의 답은 "성공하려면 천천히 가라"이다. '빨리빨리'가 산업화를 성공으로 이끈 방법이라고 듣고 자란 젊은 세대들에게 이런 주문은 와닿지 않을 것이다.

산업화를 시작했던 1960년대의 가장 큰 사회적 문제는 보릿고개였다. 보릿고개 같은 절대적인 사회적 빈곤에서 벗어나기 위해서는 차근할 여유가 없었다. 그러니 그 당시 신문을 '6개월 공기

단축', '150% 초과달성' 같은 말로 도배하여 압축성장을 독려했던 기억이 있다.

압축성장은 보릿고개를 극복한 장점은 있으나, 그 '빠름' 때문에 두고두고 따라오는 부작용이 너무 많다. 부실한 과정 때문에 겪어야 할 필연적인 부작용이다.

산업화를 몸소 겪은 세대가 지금 세대를 보면 걱정하는 것이 있다. 압축성장 뒤에 숨은 피나는 노력은 생각하지 않고, 결과만을 보면서 즐기려고 한다는 점이다. 그것도 단기간에 일확천금을 얻듯 원하는 성과를 얻으려고 한다. 이는 (산업화를 겪은) 우리가 절대 빈곤을 극복하기 위해 선택한 압축성장의 부작용을 지금 세대가 받은 것이다.

절대 빈곤을 벗어나기 위한 노력은 우리 세대에서 이미 끝났다. 그런 노력이 없었다면 지금의 결과도 없었을 것이다. 그렇지만 이런 급속성장의 부작용을 우리 다음 세대가 영향받도록 물려준 것은 정말 안타까운 일이다. 그래서 기성세대는 긍지를 가지면서도 일말의 미안함을 갖고 있다.

성공에 이르는 과정은 우리가 처해 있는 당시의 사회 상황이 어떠했는가에 따라 자연스럽게 결정되는 문제이다.

이제는 우리도 어느 정도의 여유는 생긴 사회이다. 차근한 여유를 가지면 좋은 점이 많다. 사회가 안정되고 부실이 적고 사회발

전의 부작용도 적을 것이다.

그러니 천천히 가는 습관을 성공으로 가는 길로 삼았으면 좋겠다.

스펙 vs 경험

스펙과 경험은 모두 중요하다.

하지만 경험이 조금 더 중요하지 않을까 생각한다.

경험은 자기가 자기에게 확신을 주는 자격증이 될 수 있다.

스펙은 아무리 쌓아도 스펙이다.

경험하기 위해 스펙을 쌓는 것이지,

스펙 그 자체가 경험을 쌓게 할 수는 없다.

요즘은 자격증 시대이다. 경쟁에서 이겨야 하는 사회다 보니 자격증은 많을수록 좋다고 생각하나 보다.

　선배 교수인 이화여대 김재은 교수가 일찍부터 주장한 자격증이 있다. '많은 자격증이 있는데, 왜 부모가 될 자격증은 없는가?' 부모가 되려면 부모 역할을 확실히 해낼 수 있는 것을 증명하는 자격증이 있어야 한다고 주장하셨다. 그때는 농담처럼 들렸는데, 지금은 그것조차 일리 있는 말이라고 생각되니 정말 자격증 시대인가 보다.

　나와 함께 소그룹에서 상담공부를 하는 멤버 중 한 사람은 스펙을 엄청나게 많이 쌓았다. 그런데도 취직을 하려면 번번이 면접에

서 떨어졌다. 그런 그가 이번에 사회복지관에 합격하고 즐거운 목소리로 내게 전화를 걸어 왔다. 자리 하나 차지하기가 여간 어려운 시기가 아닌데 합격했다니, 축하하고 또 축하한다고 덕담을 주었다. 그런데 문득 '이번에는 어떻게 해서 그 심한 경쟁을 뚫고 합격하였을까' 하는 생각이 들어 그에게 어떻게 합격했는지를 물어보았다.

면접관이 이런 질문을 했단다.

"선생님 이력을 보니 박사학위도 받으셨고 스펙도 이렇게 좋으신데…. 경험이 전혀 없네요."

질문을 받고 그는 화가 났단다. 떨어질 것도 분명하고 해서 기왕 화가 난 김에 할 말이나 해보고 떨어지자는 생각에 이렇게 대답했단다.

"스펙 쌓느라고 시간도 오래 걸리고 노력도 많이 했는데 어디서 써 주는 곳이 없어서 기회가 없었어요. 누가 나를 채용해 주어야 경험이라도 쌓지 않겠습니까?"

떨어졌다고 생각하고 집에 와 있으니 합격했다고 연락이 왔단다. 그 면접관도 그 항의가 일리 있다고 생각했나 보다.

그는 지금 즐겁게 경험을 쌓고 있다고, 당분간 우리 공부에 참여할 수 없다고 말했다. 나는 공부는 경험을 쌓으면서 하면 더 좋은 것이니 복지관 일에 충실하게 능력을 발휘해 보라고 권했다.

스펙과 경험은 모두 중요하다. 하지만 경험이 조금 더 중요하지 않을까 생각한다. 경험은 자기가 자기에게 확신을 주는 자격증이 될 수 있다. 스펙은 아무리 쌓아도 스펙이다. 경험하기 위해 스펙을 쌓는 것이지, 스펙 그 자체가 경험을 쌓게 할 수는 없다.

면접관들이 이런 사실을 알아야 할 텐데…. (면접관들이) 스펙이 아니라, 요즘 청년들이 가진 다양한 경험을 살펴보고, 이를 더 가치 있게 판단하길 바란다.

스펙은 단기간에 쌓을 수 있지만, 경험은 단기간에 쌓을 수 없다.

스펙은 위장할 수 있지만, 경험은 절대로 위장할 수 없다.

대기업에서 퇴사하고 싶어요

일에 비해 보상이 적거나,

자신이 지향하는 바와 회사가 지향하는 바가 다르거나,

직장 외 다른 생활에 대한 신념이 확실할 때,

그때 사표를 내면 좋을 것 같다.

"실제로 대기업의 신입사원 퇴사율이 꽤 높다고 합니다. 과도한 업무량과 성과 경쟁에 시달리기 때문이라는데요…."

뉴스를 보다 보니 이런 말이 들린다.

회사에 입사한다는 것은 그 회사가 지향하는 목표에 동의하고 내 능력을 최대한 발휘할 것을 약속하는 것이다. 대신 회사는 내가 헌신한 만큼 적절한 보상을 해줄 의무가 있다. (이는 원칙적인 이야기이므로 현실은 다를 수도 있겠다.) 요즘에는 회사에 입사하기도 어렵고 입사했다고 하더라도 코로나 상황 등으로 원치 않는 퇴사를 하는 경우도 많다. 이런 상황에서 "대기업에서 퇴사하고 싶어요"같은 말은 어떻게 보면 조금은 호사스럽게 느껴질 수도 있겠다.

후배 중 재벌 그룹의 사장이 있다. 그는 내게 이런 이야기를 했다. 지금 회사에서 능력도 있고 승진도 빠른 유능한 부하 직원이 있는데 이 친구가 갑자기 사표를 냈단다. 그는 이해가 되지 않아 이유를 물어봤는데, 그 직원의 답은 이랬다.

"저는 40세까지만 일하고, 그 이후로는 자유로운 삶을 살 것입니다."

학생들과 교수들이 어울려 우리나라에서 처음으로 해외 의료 봉사를 떠난 적이 있다. 이때 우리와 아무 관계 없는 생면부지의 사람이 전화를 걸어와 자신도 참여할 수 있는지를 물었다. 우리는 그와 함께 네팔로 떠났다. 네팔로 향하던 중 그가 나이로 미루어 보아 앞서 후배가 말했던 그 부하 직원이 아닐까 하는 생각이 들었다. 아니나 다를까, 그 부하 직원이 맞았다.

나는 그에게 왜 나를 선택하여 네팔까지 왔냐고 물었다. 그는 40세 이후의 삶의 방향을 어떻게 잡는 것이 좋을지 고민되어 탐색하러 왔다고 했다. 그는 현재 뒤늦게 신학교를 다니고 목사가 되어 해외에서 선교 활동을 하고 있다.

사표를 내려면 이분처럼 자기 미래에 대한 확신이 있어야 한다.

단순히 업무량이나 스트레스가 많아서 사표를 낸다면 다른 직장을 가도 똑같은 문제에 봉착할 것이다. 대기업이든 소기업이든 사표를 낼 때에는 스스로 지금보다 더 발전할 수 있다거나, 자기 소신이 뚜렷하여 직장 이외의 삶을 행복하게 만들겠다는 계획이 있어야 한다.

일에 비해 보상이 적거나,
자신이 지향하는 바와 회사가 지향하는 바가 다르거나,
직장 외 다른 생활에 대한 신념이 확실할 때,

그때 사표를 내면 좋을 것 같다.

3부

/

관계와
소통

눈치를 보면 내가 없어진다

내가 나의 주인이다.

이 주인이 다른 주인과 함께 살기 위해서

소통해나가는 관계가 건강한 관계이다.

사람이 살다 보면 여러 고통스러운 일을 많이 겪는다. 물론 즐거운 일도 있겠지만 사람들은 고통스러운 일들을 더 많이 경험하고 회상한다. 오죽하면 부처님은 "인생은 고苦다"라고 했을까….

사람은 가족과 사회를 이루고, 크게는 국가를 이루어 소통하며 살아가는 집단이다. 소통 과정에서 즐거운, 고통스러운, 피하고픈, 이루고픈 것들이 자연스럽게 혼재된다. 이렇게 보면 사람은 혼자 살아갈 수 있는 동물이 아니다. 가족으로부터 사회에 이르기까지 집단생활을 하는 속성을 지닌 것이 인간이라고 보면 나의 주장도 중요하지만, 다른 사람의 주장을 들어야 할 것도 많다. 자기의 주장만 고집하다 보면 따르는 사람이 멀어져 가고, 내 주장은 없이 다른 사람의 말에 이끌려 다니다 보면 나라는 존재는 없다. 그래서 사는 것은 어렵다.

　세계보건기구에서 개인의 건강기준을 독립성independence이 얼마나 있느냐에 따라 정의한 적이 있다. 그런데 이 독립성을 주장하다 보니 함께 살아가는 사회에서의 소통에 문제가 생겼다. 독립적이라는 말은 타인의 도움 없이 스스로 자유롭게 생각하고 살아가는 것을 의미하는데, 사람마다 제각각 독립성만 생각하고 남을 생각하지 않으면 그 사회는 어떻게 될 것인가? 그래서 세계보건기구에서도 건강의 기준을 독립성independence에서 상호 의존성interdependence이란 용어로 바꾸었다.

　내 지인 한 분은 대학교수 생활을 하며 50대가 되어 비교적 늦은 나이에 결혼을 했다. 배우자도 역시 대학교수로 50에 가까운 나이였다. 두 분 모두 내가 잘 아는 교수님들이었고, 한 인간으로서 전문성을 갖고 자기의 전공 분야에서 이름을 널리 알린 분들이다. 즉, 나무랄 데가 없는 개개인이다. 그러나 이 두 분의 결혼생활은 순탄치가 못했다.

　우연히 두 분 모두 각각 나에게 결혼생활의 불편함을 호소했다. 내가 그분들의 지인이기도 하지만 정신과 전문의였기에 상담을 요청한 것이다. 그분들은 각각 나에게 와서 결혼생활의 어려움을 주장했는데, 그들이 나에게 말한 불편함에는 하나의 공통점이 있었다. 나 같으면 이렇게 하겠는데, 배우자가 자기의 생각과 주장을 따라주지 않는다는 것이다.

　서로 똑같은 주장이었지만, 각각 이야기를 들어보면 모두 일리가 있었다. 다만 그들은 나이가 든 만큼 독립적인 생각과 행동이 습관화되어 다른 습관을 가진 배우자의 생각과 행동을 용납하지 못했다. 한 분 한 분만 놓고 생각해보면 나무랄 데 없는 인격자이자 전문가이고, 사회적으로도 성공한 분들인데…. 이런 두 사람이 모여도 결혼생활을 할 수 없을 정도의 갈등이 생길 수 있다니…. 소통이 부족한 것이다. 두 사람이 건강한 부부가 되려면 자기의 독립성이 중요한 만큼 타인의 독립성을 인정해야 한다. 그리고 서로 다른 점을 소통하고 조정하여 최적화된 공통점을 찾아 합의해가야 한다.

　내 주장을 하지 못하고 타인의 주장에 맞추어 살아간다면 스스로를 억압하고 살아갈 수밖에 없고, 이런 습관이 지나치면 건강할 수 없다. 이런 분들을 정신과에서는 '신경증'으로 진단하여 치료의 대상으로 삼는다. 지나치게 소심한 분들은 남을 지나치게 의식하고, 이러다 보면 나의 욕구보다 남의 욕구에 나를 맞추게 되는데 이것이 뭉치면 화병이 된다. 다만, 지나치게 자기 생각만을 고집하는 편견도 심리적 질환으로 발전될 수 있음 또한 알아야 한다. 건강한 사람은 누구나 주체를 자기로 삼는다.

내가 나의 주인이다. 이 주인이 다른 주인과 함께 살기 위해서
소통해나가는 관계가 건강한 관계이다.

경청하면
갈등 없는 소통을 할 수 있다

경청은 핵심을 잘 들으란 뜻이다.

핵심을 잡지 못하면 소리만 들을 뿐 말을 듣지 못하는 사람이 된다.

상담 교과서에 "내담자의 말을 잘 들어주는 사람이 훌륭한 상담자다(Good listener is good counceller)"라는 말이 있다. 수련의들에게 이 말을 설명하면 환자가 무슨 이야기를 하든 잠자코 한 시간 이상 듣고만 있는 수련의가 있다. 잘 들으라고 했으니 내담자가 하는 이야기를 하나도 빼놓지 않고 다 듣겠다는 자세다.

그러나 상담학에서 강조하는 경청listening이란 대담자가 무슨 이야기를 하더라도 전부 듣고만 있으라는 뜻이 아니고, 환자가 하고자 하는 여러 가지의 말 중 핵심적인 말이 무엇인지 집중해서 들으란 뜻이다.

사람은 말을 통해 생각이나 감정을 표현하고 다른 사람과 소통

한다. 생각해보면 사람만이 소통을 하는 것은 아닐 것이다. 동물이 짖는 소리를 우리가 해독할 수 없어서 그렇지 자기들끼리는 어떤 의미를 주고받고 있을 것이다. 그러나 동물이 소리를 내지 못하거나 조금 진화되어 단순히 소리를 내는 수준이라면 사람은 소리에 의미를 담아 여러 가지를 표현할 수 있는 영적 동물이다. 소리도 간단한 단어가 아니라 감정의 상태나 생각의 내용에 따라 여러 가지 형용사를 붙일 수 있는 것이 사람이다.

사람이라고 해서 똑같은 언어를 갖는 것이 아니고, 종족에 따라 표현력에 차이가 있다. 지금처럼 다문화 시대에 살다 보면 언어의 장벽 때문에 소통에 오해가 생기는 경우가 많다. 전 세계적으로 언어가 하나로 통일이 되어있다면 이런 오해, 심지어 적대감 같은 것도 많은 부분 해소할 수 있을 텐데…. 종족마다 언어가 다르니 다문화 시대라고 하더라도 소통에는 제한되는 바가 많다.

앞서 말했듯 잘 들으라는 말을 곡해하면 상대방의 이야기를 무조건 다 들으라는 것으로 오해할 수 있으나 훌륭한 경청은 그런 뜻이 아니다. 일상생활에서 우리가 대화하는 것을 보면 상대방에게 어떤 감정을 전달하려고 할 때 직설적으로 그 감정을 토로하는 경우도 있지만, 대부분 서론적인 언어를 먼저하고 나중에 가서 핵심적인 이야기를 하는 경우가 많다. 그래서 듣는 사람이 서론적인 이야기를 듣고 단정적인 결론으로 그에 대한 해답을 준다면 그것은 정당한 대답이 되지 않을 것이다. 그래서 경청의 뜻은 그 핵심을 명확히 판단하라는 말인데…. 사실은 말이 쉽지 경청은 참 어려운 것이다.

우스갯소리로 사람은 남의 말을 잘 듣지 않기 때문에 귀가 둘이고, 입은 두 개가 있다면 너무 시끄러울 거 같아서 조물주가 하나로 만들었단다. 생각해보면 맞는 말이다.

대인관계에서 소통이 잘 안 된다고 호소하는 사람들을 보면 공통적으로 하는 말이 있다.

"나 같으면 이렇게 할 텐데…."

다른 사람도 나와 같아야만 한다고 생각해서 하는 말일 것이다. 그러나 다른 사람은 내가 아니지 않은가? 또 다른 말도 있다.

"저 사람은 내 말을 하나도 듣지 않아요."

들을 수 있는 말이 있고 들을 수 없는 말이 있는데도 불구하고 내 말을 안 들으면 무조건 나쁜 사람이 되는 것이다.

이심전심이라는 말이 있다. 말하지 않아도 상대방의 뜻을 헤아린다는 뜻인데 그러려면 서로가 서로를 완벽에 가깝도록 이해해야 한다. 그러니 이심전심이라는 말은 있어도, 그렇게 하기에는 어려울 것 같다. 그래서 차선의 언어소통방법은 경청이 아닐까 하는 생각을 해본다.

소통이란 말을 주고받는 것이다. 서로 경청하면 갈등 없는 소통을 할 수 있다.

경청은 핵심을 잘 들으란 뜻이다. 핵심을 잡지 못하면 소리만 들을 뿐 말을 듣지 못하는 사람이 된다.

바늘로 이마를 찌른다면

사람은 사회적 동물이기 때문에 대인 관계가 굉장히 중요하다.

대인 관계는 말이나 표정 등 여러 가지 방법의 소통으로 이루어 진다.

소통에서 가장 걸림돌이 되는 것은 선입견이다

바늘로 이마를 찌르면 어떻게 될까? 이상한 질문 같은데, 독자들은 어떻게 대답할지 궁금하다. 일반적으로 대두분의 사람이 비슷한 대답을 할 것이다. "바늘로 이마를 찌르면 피가 나겠죠." 정답이다. 이마뿐 아니라, 혈관이 있는 곳을 찌르면 사람의 몸은 피가 나기 마련이다.

그런데 '바늘로 이마를 찔러도 피 한 방울 안 나올 사람'이라는 표현이 있다. 도대체 어떤 점 때문에 사람을 이렇게 표현하는 것일까? 단순히 짐작해보면 선입견 때문일 것이다. 우리는 빈틈없는 사람, 융통성이 없을 것 같은 사람, 원칙주의자일 것 같은 사람에게 이런 표현을 사용한다. 이런 사람들도 바늘로 이마를 찌르면 당연히 피가 나올 것이다. 그럼에도 불구하고 이 말이 많은 사람

입에 오르내리며 일반화된 의미를 지니게 된다면, 이런 선입견 때문에 앞서 말한 사람들 곁에는 사람이 모이기 어렵고 소통 또한 어려울 것이다.

군의관 시절, 일과를 마치고 동료들과 어울려 버스를 탄 적이 있다. 그때 웬 승객이 나에게 "죄송하지만, 내가 상의할 일이 하나 있는데, 선생님과 상의해도 될까요?"라며 말을 걸었다. 군복을 입고 있었기 때문에 내가 군의관인 것을 그가 알 리 없었다. 더군다나 내가 정신과 의사인 것도 알 리 만무했다. 함께 버스를 탔던 동료들은 내가 정신과 의사라는 것을 그가 용케 알아보았다고 생각하며 매우 놀랐다. 나는 이 분이 그 많은 사람 중 왜 하필 나를 선택했을까 하는 의문을 가졌다.

다른 경험도 있다. 이 역시 내가 버스를 타고 있을 때의 일이다. 성경책을 든 한 분이 내 옆에 앉더니 이렇게 말했다. "선생님, 예수 믿으세요." 참 이상하다. 내가 예수를 믿는지 안 믿는지를 어떻게 알았을 것이며, 왜 하필 그 많은 사람 중 나를 선택했을까?

나는 스스로에게 질문을 던졌다. 내가 예수를 믿지 않는다고 이마에 써 붙이고 다닌 것도 아니고, 정신과 의사라고 써 붙인 것도 아닌데, 왜 나를 콕 집어 이야기했을까? 내가 내린 결론은 그들에게 내가 조금 허술하게 보였을 것 같다는 것이다. 즉, 그들에게는

내가 바늘로 이마를 찌르면 피가 나올 것 같은 인상으로 느껴졌던 것 같다. 좋게 이야기하면 아마 친근감 있는 인상이었을 것이다. 사람은 누구나 말을 하면 내 이야기를 들어줄 것 같은 사람을 선택하여 이야기한다.

나는 일전에 바늘로 이마를 찔러도 피 한 방울 나오지 않을 인상의 환자를 치료한 적이 있다. 그는 그 자신의 곁에 사람이 없다는 것을 다른 사람들이 자신을 따돌리기 때문이라고 생각하고 있었고, 그 고민을 나와 함께 풀어갔다. 그때 한창 유행하던 커피 광고가 있었는데 이런 대사가 있었다. '나도 알고 보면 부드러운 여자예요.' 커피 한 잔을 놓고 한 여성이 나와서 이런 말을 했던 짧은 광고였다. 나는 그것을 활용했다. 그분에게 '나도 알고 보면 엄청 부드러운 사람이야'라는 인상을 상대방에게 심어줄 방법을 생각해보라고 했다. 상담 중에 내가 겪은 그는 정말 부드러운 사람이었다. 그럼에도 불구하고 선입견 때문에 따돌림을 받았으니 고민이 아닐 수 없었을 것이다.

사람은 사회적 동물이기 때문에 대인 관계가 굉장히 중요하다. 대인 관계는 말이나 표정 등 여러 가지 방법의 소통으로 이루어진다. 소통에서 가장 걸림돌이 되는 것은 선입견이다.

빨간 오리 새끼

어른들은 자기 경험을 토대로 아이를 바라본다.

아이가 어떤 상상을 하고, 어떤 말과 감정을 표현한다 해도

어른의 선입견대로 해석하려는 경향이 있다.

선입견은 온전한 의사소통을 방해하는 아주 끔찍한 방해물이다.

'미운 오리 새끼'라는 말은 들어봤지만, '빨간 오리 새끼'라는 말은 들어본 적이 없다. 들어본 적도 없지만, 실제로도 없다. 그런데 누군가 오리 한 마리를 그리면서 빨간색을 칠했다고 한다. '빨간 오리 새끼'가 정말 존재할 수 있을까? 유전변이로는 있을 수 있을까? 이 말을 하는 뜻은 다른 곳에 있다.

나와 함께 사회봉사를 오랫동안 했던 친지 한 분이 계신다. 이분의 아들이 초등학교 1학년에 입학했을 때의 일이다. 그분은 아이가 입학한 후 얼마 되지 않아 담임 선생님으로부터 호출받았다고 했다. 담임 선생님은 아들이 그렸다는 그림 한 장을 보여주며, 아이에게 무슨 문제가 있는 것 같으니 정신과 상담을 받아보는 것이 어떻겠냐고 권고했단다.

그림에는 어미 오리가 있고 그 어미를 쫓아다니는 새끼 오리 대여섯 마리가 있었다. 그중 가장 마지막에 쫓아가는 새끼 오리를 새빨갛게 칠한 것이 보였다. 선생님께선 이 오리 하나만 빨갛게 칠했던 것 때문에 상담을 권했다고 한다. 그분은 선생님께 "아들이 이런 색을 칠한 이유가 따로 있지 않을까요? 혹시 저희 아들한테 물어보셨나요?"라고 물었다. 그랬더니 선생님은 이유는 안 물어보았고 그냥 색을 칠한 것 가지고 상담을 권유했다고 한다.

그분은 집에 와서 아들에게 넌지시 물어보았다.

"잘 그렸네. 어미 오리 따라가는 새끼 오리가 여섯 마리네. 그런데 왜 이 오리 한 마리는 빨간색이니?"

그분은 아들이 그렇게 그렸을 만한 이유가 반드시 있을 것이라고 생각했다.

아들의 설명은 이랬다.

"이 빨간 오리는 한눈팔다가 엄마와 형제들을 놓치고 말았어요. 그래서 불안한 마음으로 엄마와 형제를 찾아 헤맸어요. 갈대밭 속을 이리저리 찾아 헤매는 동안 불안하고 공포에 질려 울기도 하고 몸부림도 쳤어요. 한참을 헤매다가 겨우 엄마와 형제 오리를 찾았어요. 혼자 있는 동안 얼마나 불안하고 무섭고 열도 올랐겠어요? 그래서 이 오리는 아마도 빨갛게 변해있지 않을까 상상해서 빨간 오리 새끼를 그렸어요."

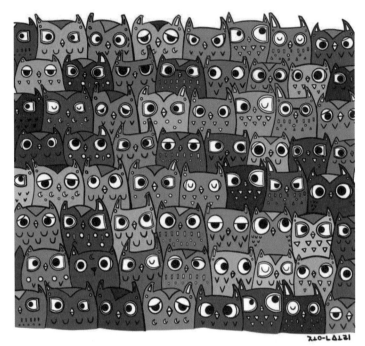

" 이안에 고양이가 있다. "

설명을 듣고 보니 매우 그럴듯한 상상이었다. 담임 선생님이 이 오리가 왜 빨간색인지 한 마디만 물어봤어도 아들의 상상력을 이해할 수 있었을 텐데. 선생님은 그가 가진 빨간색에 대한 선입견 때문에 아들이 문제가 있다고 판단한 것이다.

소통을 원활하게 하지 못하게 하는 요인은 여러 가지가 있다. 그 중 하나가 선입견이다. 선입견은 자신이 경험했을 한두 가지 경험을 일반화하여 모든 경우에 자신의 경험을 투영시키는 것이다. 빨간색에 대한 담임 선생님의 선입견이 없었다면 "왜 빨갛게 그렸니?"라고 쉽게 물어봤을 수도 있었을 텐데. 그런 질문을 하지 못하니 선입견대로 해석한 것이다.

선입견은 온전한 의사소통을 방해하는 아주 끔찍한 방해물이다.

가는 말이 고와야
오는 말이 곱다

말이란 사람의 품격을 나타내는 것인데

막말을 왜 그렇게 많이 하는지 모르겠다.

막말은 스스로 자기의 품격을 떨어뜨리는 말이라는 것을 인식해야 한다.

시간이 걸릴지 모르겠지만, 막말을 고운 말로 바꾸는 작업을

나부터 먼저 시작해보자.

요즘엔 TV나 라디오에서 정치가나 유명인사가 출연해 대담하는 프로그램들이 많다. 이를 보다 보면 일상적인 용어를 써도 될 법한데 듣기에 거북한 막말들이 오가는 경우를 종종 보게 된다. 막말을 자주 듣다 보니 때로는 나도 막말하고 싶어지는 때가 있다. 나는 혼잣말로 욕도 해보고 막말도 해보았지만, 누군가가 듣도록 소리 내어서 해본 적은 없다. 마음속으로 절제했기 때문이다.

내 고향은 대구이다. 대구 사투리는 무뚝뚝하고 남이 들으면 싸우는 것 같은 막말로 들리는 사투리들도 많다. 이런 사투리에는 내가 들으면 친근하게 들리지만 다른 지역 사람이 들으면 거북할 수 있는 말도 많다.

한 가지 예를 들어본다. 지금 젊은 사람들은 잘 모르겠지만, 나는 대학 졸업 때까지 친한 사람을 만나면 반가운 인사를 이렇게 표현했다. 독자분들이 이해하실지 모르겠지만, 그때 나누었던 인사말을 그대로 옮겨본다.

"야~ 이 새끼, 아직도 안 디지고 살았구나! 이 문둥이를 염라대왕 눈이 멀었지 안 잡아가다니…."

이게 무슨 소리인가 하면, "이 사람아, 아직도 안 죽고 살아있구나! 이 문둥이(나병 환자)를 염라대왕이 눈이 멀어서 아직 데려가지 않았구나!"라는 뜻이다. 글로 써 놓고 보면 아주 격한 말이다. 그러나 이 인사말이 당시에는 친한 친구 사이가 아니면 나누지 않는 일상화된 인사말이었다. 이 인사말이 내포한 뜻은 아직까지 안 죽고 살아있어서 너무 다행스럽고 반갑다는 뜻이다. 욕이 아닌 것이다. 이런 인사를 들으면 서로 굉장히 친근감 있는 것으로 생각했었지만, 이는 막말이기도 하고 세련되지 못한 말이다. 지금은 이런 인사말이 없어졌으니 다행이다.

요즘 정치가들이나 사회지도층 인사들이 서로 상대방을 비방하며 막말을 거침없이 쏟고 있는 것을 보면 참 안타깝다. 오래전 영국 대처 수상이 한국을 방문해 국회에서 연설한 적이 있다. 그때 그녀가 한 말 가운데 이 한마디가 아직도 기억에 남는다.

"국회의원이 서로 의견이 달라 토론하는 것은 당연한 일이나,

토론할 때 쓰는 용어를 품위 있게 사용해야 합니다. 정치인이 막말한다는 것은 이미 그 토론에서 진 것이나 다름없습니다."

그녀는 자기의 부모와 조부모로부터 이렇게 배웠다고 설명했다. 정치가들이나 사회지도층 인사들이 각종 매체를 통해서 내뱉는 막말은 전파력이 강하다. 또한, 그들의 말은 대중에게 큰 영향을 미치기 때문에 그 막말이 일상적으로 사용되는 상용어로 바뀌기가 쉽다. 그러니 이들은 대처 수상의 이 말을 새겨 들을 필요가 있다.

말이란 사람의 품격을 나타내는 것인데 막말을 왜 그렇게 많이 하는지 모르겠다. 막말하는 순간은 감정적으로 조금 시원할지 모르겠다. 하지만 스스로 자기의 품격을 떨어뜨리는 말이라는 것을 인식한다면 고운 말을 쓸 필요가 있다.

가는 말이 고와야 오는 말이 곱다. 가는 말이 막말이라면 되돌아오는 말은 두 배나 더 강한 막말로 되돌아온다. 그러니 막말이 없는 사회를 만들자면 나부터 막말을 삼가야 한다.

시간이 걸릴지 모르겠지만, 막말을 고운 말로 바꾸는 작업을 나부터 먼저 시작해보자.

말실수

상대방이 평소에 어떤 상황이나 단어에 대해

필요 이상으로 민감하게 반응하는 것이 있다면,

그것이 바로 상대방에게 가장 가슴 아픈 말이라는 것을 알아야 한다.

의도가 선의였든 유머였든 상대방에게 암심이 생긴다면

그 실수는 너무도 큰 것이다.

말을 가릴 줄 알아야 좋은 소통을 이룰 수 있다.

사람은 소통하기 위해 말을 한다. 말이 소통을 위해서 존재하는 것이라면 잘 소통할 수 있는 말을 선택하여 사용하는 것이 바람직하다. 소통하다 보면 단어 하나 잘못 선택하여 오해가 생기기도 하고, 이 오해가 앙금으로 남아 평생 소통하지 못하게 되는 경우도 생긴다.

말실수라고 하는 것은 해서는 안 될 말을 자기도 모르게 불쑥 내뱉게 되는 것이다. 이를 의식하고 자제하는 경우도 있지만, 대부분은 무의식적으로 자기도 모르게 말을 하고 나서야 이것이 실수라는 것을 깨닫는다.

내 친구 이야기를 하나 하자. 이 친구 부부는 신혼 초부터 별것 아닌 주제로 사랑싸움을 자주 했다. 다투는 것을 재미 삼아 하는 부부인데, 하루는 부인이 심각한 얼굴로 나를 찾아와 이렇게 하소연했다.

"이 박사님, 이제부터 내 남편을 친구로 사귀지 마세요."

밑도 끝도 없이 자기 남편과 절교하라길래 마음을 조금 가라앉히고 왜 갑자기 그런 이야기를 하는지 물었다.

"내가 잘못한 점이 있다면 나를 나무라는 것은 참겠는데 내 부모까지 욕하는 것은 참을 수가 없어요."

이것은 또 무슨 말인가? 내 친구는 처가의 말뚝만 봐도 절을 하는 사람이라 처가를 그렇게 욕했을 리가 없다. 그래서 부인에게 앞으로는 그를 친구로 생각 안 할 테니 좀 자세히 이야기해 보라고 달랬다. 그랬더니 그녀가 실토한 내용은 이렇다.

자기와 다투던 남편이 대뜸 "어이구, 장모님도 ○○○(친구 부인 이름)이 낳았다고 미역국 자셨겠지"라고 했단다. 싸우면서 나를 폄하하는 것은 참겠으나 내 부모까지 욕하는 것은 참을 수가 없단다.

들고 보니 부인이 화를 낼만도 하다. 부부싸움이라는 것은 다투게 되는 상황만을 다루어야지, 다툼을 빙자해서 그 상황과는 관계없는 것들을 운운하면서 다투어선 안 된다. 나는 내 친구에게 전화를 걸어 무엇 때문에 다투었냐고 물었다. 그는 나에게 이렇게 말했다.

괜찮아 나도 그랬으니까

"며칠간 아내가 전에 보지 못할 정도로 격하게 화를 내는데, 나는 대체 왜 그런지 알 수가 없네. 그러니 자네가 잘 달래서 이유를 들어보게."

그래서 나는 들은 대로 말하였다.

"야, 싸우려면 싸우는 상황으로 싸워야지, 왜 장모가 미역국을 먹었느니 안 먹었느니 해서 싸움을 더 크게 만드니?"

그러자 친구는 "싸움을 하도 자주 해서 조금 더 유머러스하게 싸워보려고 말한 건데, 그 미역국이 뭐 그렇게 대단하다고 그러는지 모르겠다"라고 말했다. 이는 말실수다. 아내가 어떤 말을 가장 싫어하는지 감지하지 못한 실수다. 아내의 말이 백번 옳다. 자기만 탓할 일이지 왜 장모까지 탓하는가?

상대방에게 하지 말아야 할 말이 무엇인지 아는 것은 어렵다. 하지만 주의를 조금만 더 기울인다면 그렇게 어려운 것도 아니다. 상대방이 평소에 어떤 상황이나 단어에 대해 필요 이상으로 민감하게 반응하는 것이 있다면, 그것이 바로 상대방에게 가장 가슴 아픈 말이라는 것을 알아야 한다. 의도가 선의였든 유머였든 상대방에게 앙심이 생긴다면 그 실수는 너무도 큰 것이다.

말을 가릴 줄 알아야 좋은 소통을 이룰 수 있다.

막말

막말은 비수가 되어 상대방의 가슴에 꽂힌다.

그리고 부메랑이 되어 언젠가 내 가슴에도 꽂힌다는 것을 알아야 한다.

막말은 언제든 되돌아올 독화살이다.

한번은 또래 친구 셋이 모여 점심을 먹고 조용한 카페에 가서 몇 시간을 노닥거리다 헤어졌다. 우리 대화는 지금 시국이 어떠니, 사회적 이슈가 어떠니 하는 것으로 시작되었다. 나는 이에 대한 의견은 서로 다르기에 재미있는 이야기로 주제를 바꾸자고 했다. 남자들이 모여서 서로 충돌 없이 대화할 수 있는 가장 좋은 주제는 군대 이야기이다. 가족들이나 여성들은 남자의 군대 이야기를 참 싫어한다. 이날은 가족도, 여성도 없으니 각자 겪은 군 생활의 일화를 무용담처럼 나누었다.

　나도 한 가지를 이야기했다. 이미 50년도 지난 이야기이다. 군의관으로 입대한 지 2년 차였던 나는 의정부에 있는 한 후송병원에서 진료부장을 맡고 있었다. 우리 병원의 전방에 있는 병원은

이동 외과병원이었는데, 그 병원의 원장은 내 의과대학 동기생이었다. 하루는 그가 총상환자를 수술하던 중 피가 모자란다며 피를 두 병 빌려달라고 했다. 나는 차용증을 받고 피 두 병을 빌려주었는데, 그 병원에서 수술을 마무리하기 어려워 환자를 우리 병원으로 후송했다. 우리 외과팀은 노력 끝에 환자의 생명을 건지고 수술도 깨끗하게 마무리할 수 있었다.

이 일이 있은 지 며칠 안 되어 병원에 정기감사가 나왔다. 그런데 이 감사에서 내가 피를 두 병 빌려준 것이 문제가 된다고 이를 해명하라고 했다. 나는 사실대로 이야기했다. 피 두 병을 빌려주었는데 그 두 병을 환자가 달고 우리 병원에 후송을 왔으니, 그 피 두 병은 내가 반환받은 것과 같다고 주장했다.

이 같은 주장에도 불구하고 감사관은 나를 수사관에 고발했다. 수사관에게도 나는 똑같은 질문을 받았고, 똑같은 나의 셈법으로 대답을 일관했다. 이런 일을 반복하니 수사관이 나를 괘씸하게 봤고, 결국 나를 군법회의에 기소했다. 이런 상황을 지켜본 이동 외과병원장인 내 친구가 나에게 많이 미안했었나 보다. 그는 당시 1군 사령부의 헌병참모를 직접 찾아가 내 선처를 구했다. 그 덕분으로 나는 무혐의 처분을 받았다.

이후 그 친구와 함께 감사의 인사를 전하기 위해 헌병참모를 찾아갔다. 헌병참모는 나를 보자 대뜸 이렇게 말했다.

"자네가 피 팔아먹은 친구야?"

이 무슨 황당한 상황인가? 사건은 이미 해결되었기에 다시 미주알고주알 나의 셈법을 설명할 수는 없었다. 그래서 "네. 앞으로 주의하겠습니다"라고 말하고 그냥 방을 나왔다.

50년도 지났는데 이 생각이 왜 지금에 와서 떠올랐을까? 단지 혈액 사건으로 수사관과 실랑이를 하던 이야기를 친구들에게 들려주고 싶었는데…. 이 말이 왜 떠올랐을까? 50년이 지나도 머리에 선명하게 남아있었기 때문이다.

당시 나는 내가 잘못하지 않았다는 것을 인정해달라는 것까지 바라지는 않았다. 그러나 '팔아먹다'니…. 그는 어떻게 이런 표현으로 내게 막말을 할 수 있었을까?

막말했던 그는 이미 세상을 떠나고 없다. 다만, 지금까지 세상을 살고 있는 누군가가 아직도 자신이 한 막말을 되새기고 마음 아파할 것이라는 사실을 그 당시 그는 알았을까? 누군가가 자신을 원망하고 있다는 것도 불행한 일인데, 자신이 죽어서까지 그 원망이 이어진다면 얼마나 불행한 것인가.

그러니 우리 막말은 하지 말자. 고운 말을 두고 왜 막말을 하는가.

막말은 비수가 되어 상대방의 가슴에 꽂힌다. 그리고 부메랑이 되어 언젠가 내 가슴에도 꽂힌다는 것을 알아야 한다.

막말은 언제든 되돌아올 독화살이다.

내 탓이로다

내 탓이 지나치면 우울증에 걸리고,

남 탓이 지나치면 정신병적인 망상이 생긴다.

내 탓과 남 탓이라는 선택 중 어느 것을 먼저 택하는 것이 나을까?

나는 "내 탓이로다"를 먼저 생각해보기를 권한다.

그래도 내 탓을 먼저 하는 게 나을 것이기에….

시어머니 말을 들으면 시어머니 말이 옳고, 며느리 말을 들으면 며느리 말이 옳다는 옛말이 있다. 이처럼 쌍방의 말을 들어보지 않고 진위를 아는 것은 어렵다. 어느 한쪽이 전적으로 옳고, 다른 쪽이 전적으로 틀렸다는 논리는 성립하기 어렵다. 절대의 악이란 있을 수 없다는 것이다.

사람은 보통 자기가 잘못한 것은 말하지 않고, 상대방이 잘못한 것만 말하는 경우가 많다. 그래서 흔히 우리는 말하는 사람은 옳고, 그가 말하는 대상은 나쁜 사람으로 생각하기 쉽다. 이런 일이 많아서일까? 천주교에서는 "내 탓이로다, 내 탓이로다"라는 종교적인 의식이 있다. 종교적인 의미는 따로 있겠지만, 나는 이 말의 의미를 내 나름대로 생각해보았다.

어떤 상황에서 손해를 보거나 실패를 하면 누구나 그 원인을 찾으려고 한다. 이때 "내 탓이로다"라는 말의 뜻을 원용해보자. 실패의 원인에는 물론 내 탓도 있고 다른 사람의 탓도 있겠으나, 먼저 내 탓부터 해보자는 뜻이다.

보통은 실패의 원인을 타인이나 나 이외의 원인에서 찾게 된다. 이런 생각을 가지면 내 탓이 아닌 것이 되기에 잠깐은 위안이 될 수 있겠다. 그러나, 객관적인 실패의 원인을 찾을 수는 없다.

반대로 무엇이든 내 탓으로만 하면, 이 또한 객관적인 원인을 찾는 데 장애가 된다. 모든 상황에는 내 탓도 있고, 타인의 탓도 있고, 자연의 탓도 있기 마련이다. 그런데 내 탓만을 계속 강조한다면 정신건강 상 우울증에 빠지기 쉽다.

그럼에도 불구하고 반성하는 순서를 나부터 시작해보자. 내가 실수한 것이 없는가를 먼저 생각해보고, 그 후에 타인의 탓으로 돌려도 늦지 않기 때문이다. 첫 단추를 잘못 끼우면 전체가 흐려진다. 처음부터 문제를 다른 사람의 탓으로 규정하면 상황을 올바르게 인식하기가 어렵다. 그리고 후에 자신의 탓이란 것을 알게 되더라도 이러한 사실에 직면하지 않으려는 습관이 생긴다.

사람은 태어나고 죽는 것을 제외하면 모두 스스로 선택하며 살아간다. 순간의 선택이 평생을 좌우한다는 말처럼 선택은 무엇보다 중요하다. 내 탓이 지나치면 우울증에 걸리고, 남 탓이 지나치면 정신병적인 망상이 생긴다. 내 탓과 남 탓이라는 선택 중 어느 것을 먼저 택하는 것이 나을까?

나는 "내 탓이로다"를 먼저 생각해보기를 권한다.
그래도 내 탓을 먼저 하는 게 나을 것이기에….

모든 관계에는
예절이 필요하지만…

예절은 나 혼자만 지킨다고 되는 것이 아니다.

예절은 차리는 사람의 품격과도 관계있지만,

예우를 받는 사람도 받을 만한 소양을 갖추고 있어야 한다.

이 두 가지가 조화될 때 진정한 소통이 이뤄질 것이다.

예절은 소통 과정에서 상대방에게 걸맞은 예우를 해주는 것이라고 생각한다. 이는 나만의 기준이기 때문에 예절이 무엇인가 하는 기준과는 일치하지 않을 수 있다.

　우리나라는 조선 왕조에 들어오면서 건국 이념을 유교로 택했고, 유교 문화에서 나온 핵심적인 가르침은 예절(예법의 절차)이었다. 그래서 우리는 지금까지 예법에 적응하여 익숙해져 있다. 지금은 이 예법도 많이 달라지기는 했지만, 아직도 마음 깊은 곳에는 그때 그 시절의 예법이 남아있다.

　예절이란 예법의 절차를 말하는 것이니 일정한 규격화가 필요했을 것이다. 예를 들면 절을 할 때의 방법, 말을 할 때는 어떤 식으로 해야 하는지 등 일일이 예의를 나타내는 절차를 명시해둔 것이 예절이다. 예절은 나라마다 다르다. 심지어 가족 문화에 따라서도 서로 다른 예절을 가지고 있으니, 예절은 소통에 도움도 되지만 걸림돌이 될 수도 있다.

재벌 회사의 사장을 지낸 친구 하나가 상의할 것이 있다고 찾아온 적이 있다. 자기 부서에 채용된 외국인이 한 명 있는데, 그가 마음에 들지 않는다는 것이다. 인사도 조금 공손히 하면 될 것을 한 손을 번쩍 들며 "Hi"하고 지나간다고 했다. 친구는 자신이 사장이고 그는 직원인데 이게 말이 되냐고 하소연했다. 나는 친구에게 그런 행동이 왜 불편하냐고 물었고, 친구는 직원의 행동이 우리 예법과 다르기 때문에 불편하다고 했다.

나는 친구에게 그 외국인 직원이 일을 잘 하는지를 물었다. 친구 말로는 그가 능력이 많고 시키는 일도 똑 부러지게 한단다. 그래서 나는 예법보다 그 직원의 능력을 사는 것이 회사에 더 큰 이익이 될 것이라고 상담해주었다. 손을 들고 인사하는 것이 그 나라에서는 일상적인 예법이다. 우리와 다를 뿐, 우릴 무시하는 것은 아닐 것이다.

사회가 바뀌었으니 예법도 바뀌어야 한다. 더군다나 다문화 시대에 살면서 우리 예법만 고집한다면 의사소통에 걸림돌이 될 수밖에 없다. 예법이 사람이 마땅히 지켜야 할 최소한의 약속이라는 것을 인식한다면, 경직되고 규격화된 예법이 아니더라도 소통할 수 있는 방법은 많을 것이다. 그런 점에서 나는 예법이 상대방의 눈높이에 맞는 대우를 해주는 것이 아닐까 생각해 본다.

상대방이 생각지도 않은 것을 내가 예절 차린답시고 규격에만 맞춰 대우한다면 그것은 엇박자일 것이다. 마땅히 대우를 받아야 할 능력을 지니고 있음에도 불구하고 그것을 무시한 소통을 한다면 그것 또한 예절이 아닐 것이다.

예절은 나 혼자만 지킨다고 되는 것이 아니다. 아무리 친한 사이라도 예절을 지키라는 말이 있다. 이 말은 공경 일변도로 가라는 말이 아니고, 그 친구에 걸맞은 수준에서 인정하고 존중하라는 뜻으로 이해해야 한다. 예절은 차리는 사람의 품격과도 관계있지만, 예우를 받는 사람도 받을 만한 소양을 갖추고 있어야 한다.

이 두 가지가 조화될 때 진정한 소통이 이뤄질 것이다.

어른을 대하는 게
어렵다면

지나친 예의와 긴장은 내가 하고자 하는 말을 할 수 없게 만든다.

스스로의 의사를 누구에게나

자유롭게 표현할 수 있는 습관이 필요하다.

노인만 탓할 것이 아니라, 자기가 생각하는 중요한 이야기가 있다면

서슴지 않고 이야기할 수 있는 습관을 가졌으면 한다.

손자에게 물었다.

"너도 어른을 대하는 게 어렵니?"

손자가 대답했다.

"아뇨, 그냥 사람 대하는 것 자체가 어렵지, 그 대상이 어른이어서 어려운 건 없어요."

내가 다시 물었다.

"너와 비슷한 젊은이들도 너와 비슷하게 생각하니?"

손자가 답했다.

"제가 그들을 대변할 순 없는데 요즘엔 워낙 세대 갈등이다 뭐다 하는 이야기가 많아서…. 어느 정도 선입견이 있는 경우가 많은 것 같아요."

젊은이들 입장에서 아직 자기가 경험해보지 못한 어른들의 세계가 궁금하기도 하고 불안하기도 해서 어른을 대하는 게 어려울 수 있다고 생각했다. 그런데 손자의 말을 듣고 보니, '어른이란 ~ 할 것이다'라는 선입견도 소통에 어려움을 느끼게 하는 이유일 것 같다. 어쨌든 나보다 나이가 많은 어른을 만나면 조금 긴장되는 게 사실이다.

우습지만 내 이야기 하나를 고백해본다. 수도육군병원 정신과에 근무했을 때의 이야기이다. 원장실에서 호출이 왔다. 가보니 원장실에 별 두 개 장군이 있었다. 원장님께서 그분이 수면 장애가 있으니 나보고 잘 치료해달라는 당부를 하셨다. 당시 나의 계급은 대위였는데, 그분에게 이렇게 이야기했다.

"따라오세요."

그분은 아무 말 없이 내 뒤를 따라왔다. 나는 방으로 들어가기 전 복도를 걸으며 갑자기 내가 한 말이 부적절했다고 느꼈다. 장군보다 한참이나 낮은 계급인 내가 그를 손가락으로 가리키며 "따라오세요"라고 했으니…. 갑자기 예절에 어긋나지 않을까 하는 생각이 들었다. 그가 군대에서 엄청난 어른이라는 것을 인식하지 못했을 때는 긴장되지 않았는데, 그것이 인식되는 순간 이 상황이 굉장히 긴장된 것이다.

지식과 경험이 나보다 많은 어른, 직장에서의 상하관계, 가족에서의 촌수 등은 조금의 긴장을 동반할 수밖에 없는 관계이다. 이런 관계에서도 자신의 의견을 자유롭게 전달하여 진정으로 소통할 수 있으면 좋을 것이다. 그러나 앞서 말한 선입견이나 지나치게 상대방을 의식하는 것은 소통에 걸림돌이 된다.

젊은이들의 의견을 막고 자기 고집만 피우는 어른이 있는 반면, 젊은이들과 소통을 잘하는 어른들도 있다. 자기주장보다는 참신하고 새로운 젊은 의견을 수용하는 노인도 우리 주변에서 꽤 찾아볼 수 있다. 노인만 탓할 것이 아니라, 자기가 생각하는 중요한 이야기가 있다면 서슴지 않고 이야기할 수 있는 습관을 가졌으면 한다.

지나친 예의와 긴장은 내가 하고자 하는 말을 할 수 없게 만든다. 스스로의 의사를 누구에게나 자유롭게 표현할 수 있는 습관이 필요하다.

격식은 때에 따라, 형편에 따라
선택하면 된다

격식을 우선으로 차려야 할 일도 있고,

격식은 무시하더라도 좋아하는 것을 찾을 수 있는 일도 있다.

때에 따라, 형편에 따라 선택하면 될 일이다.

마음이 맞지 않는 사람과 격식을 따지고 밥을 먹자면

어떤 고급식당에 가더라도 밥맛이 좋을 수가 없다.

마음이 통하는 사람끼리는 어디서 어떤 음식을 먹어도 최고다.

대학에 재직할 때 결혼식 주례를 많이 섰다. 한 번은 행정직원 한 분이 자기 아들 결혼식 주례를 부탁했다. 주례를 거절해 본 적이 없기에 흔쾌히 허락했다. 그분은 주례에 대한 답례로 점심을 대접하겠다면서 이렇게 말했다.

"선생님이 제일 좋아하는 음식 사드릴게요. 그 식당으로 갑시다."

나는 물었다.

"정말요? 내가 제일 좋아하는 음식이 있는데 거기에 가도 돼요?"

그분은 어디든지 관계없으니 그렇게 하라고 했다.

특별한 회식이나 공식 모임이 아니면 즐겨 찾는 식당이 세 군데 있었다. 하나는 구내식당, 또 하나는 후문 곁에 있는 자그마한 우리식당, 마지막으로 광장시장 안에 있는 먹거리 골목의 좌판 식당

이다.

우리식당은 아주머니가 혼자 경영하는데, 테이블이 두 개밖에 없어 8명이 들어가면 꽉 찬다. 그런데 손맛이 좋아서 꼭 집밥을 먹는 느낌이 나는 곳이었다. 재벌회사 사장으로 있던 후배도 먹어보고 음식 맛을 극찬한 적이 있는 곳이다. 광장시장의 좌판은 국수를 파는 곳이었다. 곁들여 순대나 돼지 내장 같은 고기도 함께 팔았다. 이곳 아주머니도 손맛이 아주 좋아 무엇을 해주어도 맛이 좋았다. 꼭 틀에 맞는 국수가 아니라 이렇게도 말아주고 저렇게도 비벼주니 그 맛이 일품이다.

나는 광장시장의 국숫집에 가는 것으로 결정했다. 결혼이라는 잔치를 치렀으니 국수가 어울리겠다 싶었다. 좌판에 앉자 그분도 같이 따라 앉기는 했는데…. 표정이 별로 좋지 않았다.

"선생님, 저를 무시하지 마세요. 제가 선생님께 근사한 음식 대접할 만한 정도 경제력은 있어요."

'아뿔싸! 나 혼자 의미를 부여했구나.'

나는 당신이 내가 제일 좋아하는 음식을 대접한다고 하지 않았냐고 상기시켰다. 그는 그런 말을 한 것은 인정하지만, 좋은 곳이란 호텔이나 거기에 버금가는 음식점일 것으로 생각했단다. 구차하지만 내가 정말로 좋아하고 애용하는 음식점 세 집을 알려주었다. 그리고 결혼이라는 잔치를 한 것이니 국숫집이 좋을 것 같아 선택했다고 말해주었다. 진정한 내 마음이었다.

그런데도 그는 서운한 마음을 감추지 못하고 국수를 먹는 내내 불평을 했다. 아마도 내가 자기를 업신여긴다고 생각했을지도 모르겠다. 나는 오해를 풀기 위해 함께 이 식당을 자주 찾았던 우리 직원들에게 나 대신 이를 설명해달라고 했다. 그는 우리 직원들이 한두 번도 아니고 여러 차례 설명하고 나서야 내 진정성을 이해해주었다.

격식을 우선으로 차려야 할 일도 있고, 격식은 무시하더라도 좋아하는 것을 찾을 수 있는 일도 있다. 때에 따라, 형편에 따라 선택하면 될 일이다.

내가 좋아하는 음식을 내가 좋아하는 식당에서 먹을 수 있게 해주었다면, 그는 나에게 최고의 대접을 한 것이다.

마음이 맞지 않는 사람과 격식을 따지고 밥을 먹자면 어떤 고급 식당에 가더라도 밥맛이 좋을 수가 없다.

마음이 통하는 사람끼리는 어디서 어떤 음식을 먹어도 최고다.

아는 체하면 망신당한다

요즘은 깊이 아는 전문가보다 얕고 넓게 아는 사람이

더 전문가처럼 보인다.

나는 어떤 말을 할 때 꼭 누구한테 들었는데,

아니면 어디서 읽었는데 등의 단서를 다는 버릇이 생겼다.

출처를 밝히지 않고 아는 체하다 보면 망신을 당할 수밖에 없다.

처음 컴퓨터를 배울 때 강사가 이런 말을 했다. "컴퓨터는 정보의 바다입니다." 처음 이 말을 들었을 때 무슨 뜻인지 이해하지 못했다. 그냥 '사람보다 좀 빠른 연산을 하니까 그런가 보다' 정도로만 생각했다. 하지만 요즘엔 이 말이 참 와닿는다.

스마트폰만 열어도 각종 정보가 실시간으로 떠오르니 제한된 지식에 비교할 바가 못 된다. 많은 정보가 혼재되어 올라오기 때문에, 그것이 진짜인지 가짜인지 구분하기 어려울 때가 많다.

한 번은 학회장으로 있을 때 임원들과 뒤풀이를 일식집에서 한 적이 있다. 초밥을 시켜놓고 환담을 하던 중 내가 초밥에 관해서 아는 체를 했다.

"초밥은 회를 손바닥에 얹고 밥알을 쌀 때까지 시간이 몇 초 걸리느냐에 따라 맛이 달라집니다. 그리고 만들 당시의 손바닥 온도와 회의 온도가 조화를 이뤄야 제맛이 납니다."

사실 이것은 내가 알고 있는 지식이 아니고, 신라호텔 일식집서 초밥을 먹던 중 주방장한테 들은 이야기이다. 나는 전문가가 한 말이니 맞는 말이겠지만, 정말 그럴까 하는 의문이 들었다. 그래서 그런 뜻으로 임원들에게 아는 체를 했다. 아는 체를 했다고 표현한 이유는 신라호텔에서 들었다는 이야기를 생략했으니, 내가 원래부터 알고 있는 지식인 것처럼 오해하도록 만들었기 때문이다.

그때 직원이 초밥을 들고 와서 상에 차려주었다. 상을 차리는 시간에도 우리는 초밥을 주제로 말을 나누고 있었고 그 직원이 이 말을 모두 들었나 보다. 초밥을 맛있게 먹고 있는데 주방장이 직접 초밥 1인분을 따로 만들어와서 내 앞에 놨다. 그러면서 죄송하단다. 이렇게 맛있게 초밥을 먹고 있는데 주방장이 시키지도 않은 초밥을 가져와서 죄송하다니. 이게 무슨 일인지 어리둥절했다.

주방장의 말로는 직원이 와서 우리가 하는 이야기를 전했다고 한다. 그는 그 정도로 초밥에 대해 해박한 지식을 가지신 분이라면 보통 미식가가 아닐 텐데, 자신이 손님이 많아서 조금 소홀하게 만들었다며 죄송하다고 했다.

깜짝 놀랐다. 내가 아는 체한 소동이 이렇게 될 줄은 몰랐는데…. 주방장은 나를 상당한 미식가로 오해한 것 같았다. 사실 누구나 주방장이라면 자기 음식을 맛있게 먹어주는 고객을 만나고 싶을 것이다. 그리고 내가 바로 그런 미식가인 것처럼 오해한 것이다. 시간이 좀 한가해서 그분이 나에게 한두 마디를 더 물어봤다면 엄청 무안했을 것 같다. 아는 것도 없는데 전문적인 질문을 한다면 동문서답할 수밖에 없고 입을 다물 수밖에 없다. 그날 이 이야기를 누구한테 들었는지만 말했어도 나는 아마 이렇게 깜짝 놀라지는 않았을 것이다.

요즘은 깊이 아는 전문가보다 얇고 넓게 아는 사람이 더 전문가처럼 보인다.

나는 그때 이후로 이런 말을 할 때는 꼭 앞에 누구한테 들었는데, 아니면 어디서 읽었는데 등의 단서를 다는 버릇이 생겼다.

출처를 밝히지 않고 아는 체하다 보면 망신을 당할 수밖에 없다.

4부

생각해
보았으면
하는 것

생각이 많으면 고통스럽다

세상의 이치는 단순한데 사람들은 그 단순한 것을

이리 얽고 저리 얽으며 스스로 복잡하게 만든다.

"사람은 생각하는 동물이다"라고 누군가가 말했다. 생각해보면 뇌를 가진 동물이라면 사람 정도는 아니더라도 제 나름대로 생각은 가지고 있지 않을까 하는 엉뚱한 생각도 해본다.

생각이란 참 좋은 것이다. 그러나 이 생각도 적당해야지 너무 많아도, 너무 없어도 탈이다. 내가 접해본 환자 중 생각이 너무 많아서 탈이 난 사람들이 꽤 많았다. 생각이 많으면 복잡하기도 하겠지만, 서로 다른 생각들이 얽히고설켜 모순된 생각 속에 파묻히게 되기도 한다. 마치 흐트러진 실타래처럼 어디가 처음이고 끝인지도 모르게 되는데, 이런 사람은 고통스러울 수밖에 없다.

생각이 복잡하다고 하는 것은 생각의 내용이 복잡하거나, 생각의 흐름이 빠르거나 너무 늦은 경우이다. 생각의 내용이 복잡하여 가장 흔하게 발생하는 병적인 생각이 망상이다. 망상은 사실이 아닌 것을 사실이라고 굳게 믿고, 행동으로 반응하는 수준의 복잡한 생각을 말한다. 망상 중 임상적으로 가장 많이 보는 것은 피해망상이다. 이는 막연하게 타인이나 주변으로부터 위해를 받을 것 같은 생각이 드는 것이다. 반대로 자기가 이 세상에서 굉장히 중요한 사람이라고 생각하는 과대망상도 있다. 내가 만난 과대망상 환자들 가운데는 예수님이나 부처님을 자처하는 환자도 있었다.

생각이라는 것도 학습된 체계가 있어서 어떤 자극을 받더라도 그 체계를 따라 반응한다. 그러므로 망상을 가진 환자는 어떤 자극을 받더라도 망상적 사고를 하도록 이어지기 마련이다. 원인이야 여러 가지가 있겠지만 생각의 꼬리에 꼬리를 물고 자기의 망상 체계에 맞추어 복잡하게 생각하게 되고 고통을 받는다. 이런 망상 수준까지 가지 않더라도 복잡한 상황에 부딪히면 '아이고 머리야' 하며 고통스러워한다. 세상의 이치는 단순한데 사람들은 그 단순한 것을 이리 얽고 저리 얽으며 스스로 복잡하게 만든다.

사고의 망상적 수준에 따라 치료 가능한 방법은 다르겠지만, 망상에 이르지 못하고 단지 복잡하게 얽혀 있는 수준의 사고라면 치료법은 간단하다. 사고를 단순화시키는 것이다. 말이 쉽지, 사실 이미 복잡해진 생각을 단순화시키는 것은 매우 어렵다. 마치 얽힌 실타래를 다시 풀어 정결하게 감는 작업을 하는 것과 같다.

그렇다면 어떻게 복잡한 생각을 단순화시킬 수 있을까? 많은

사람이 사용하는 방법이 명상이다. 명상은 한 주제에 집중하고, 그 집중력으로 다른 복잡한 생각들을 떨쳐 버리고자 하는 방법이다. 이론적으로는 집중력이 높으면 잡다한 생각은 물리칠 수 있으나, 나는 내 경험상 그 경지까지 이르지 못했기에 잡다한 생각을 정연하게 정리할 수는 없었다.

견딜 만한 복잡한 생각이라면 그냥 웃고 즐겨보자. 믿고 행동하는 수준까지 이르지 않는 정도의 복잡한 생각이라면 굳이 떨쳐 버리려고 애쓸 필요는 없을 것 같다. 복잡한 생각은 일어나지 않은, 어쩌면 닥칠지 모르는 걱정거리를 지나치게 생각함으로써 일어난다.

복잡한 생각을 하는 가운데 잠시 찾아오는 집중력이나 다른 즐거운 생각들은 근본적인 해결은 아니겠지만 잠시 우리를 고요한 곳으로 피신할 수 있게 도와준다. 일어날 때 일어나더라도 걱정을 내려놓는 방법을 하나쯤 마련해두는 것이 좋겠다. 무엇이 좋은 방법인지는 사람마다 다르기에 일괄하여 권할 수 있는 처방은 없다. 개인적으로 여러 가지를 시도해보고, 그런 노력을 하는 도중에 복잡한 생각을 정리할 수 있는 나만의 무엇을 발견할 수 있다면 그것이 자신만의 방법이 될 것이다.

부당한 일을 당하면
괴롭다

옛 속담에 '억울하면 출세를 하라',

'참을 인忍자 석자면 살인도 면한다'라는 말이 있다.

앞은 억울함을 당하면 힘을 키워 스스로 벗어나라는 뜻이고,

뒤는 참고 또 참으면 분노를 삭일 수 있다는 뜻이다.

이는 지금 생각해보면 참 어리석은 말이다.

요즘은 권력이 있거나 돈이 많은 사람이 약자에게 고통을 주는 잘못된 행동을 하는 것을 많이 볼 수 있다. 이를 일컬어 사회적으로는 '갑질을 한다'라고 표현한다. 예전에도 이런 갑질은 있었겠지만, 지금처럼 갑질에 저항하는 모습은 많이 보지 못했다.

　오래된 기억을 하나 더듬어 본다. 1967년 북한의 저명한 언론인이자 이중간첩이었던 이수근이라는 사람이 판문점을 통해 남한에 귀순한 사건이 있었다. 당시 나는 전문의가 된 지 얼마 안 돼 군에 입대했고, 3개월의 훈련 후 서울의 육군 수도병원에 배속되어 있었다. 중앙정보부는 북으로 귀환되기 전에 붙잡힌 그가 자기의 행적을 실토하지 않으니 '아미탈 인터뷰(amital interview, 정신과에

괜찮아 나도 그랬으니까

서 환자와의 소통을 위해 아미탈이라는 약물을 이용하는 면담 치료 기법)'를 하라고 나에게 지시했다. 이는 중정부의 군령을 빙자한 갑질이다.

나는 히포크라테스 선서를 내세워 그 명령에 따르지 않았다. 내가 용감해서가 아니라 군에 입대한 지 얼마 되지 않았기 때문에 군령(갑질)이 얼마나 지엄하고 무거운 것인지를 인식하지 못했기 때문에 그랬던 것이다. 어떤 약물이든 치료 목적 이외에는 사용하지 않겠다는 이 선서로 인해 나는 많은 심적 고통을 받았다.

앞의 예를 든 이유는 갑질에 대응할 수 있는 힘이 감정에서 나오는 것이 아니라 논리에서 나온다는 것을 일깨워 주고 싶어서이다.

요즘처럼 인권문제가 중요시되는 사회에서 사람들은 조그마한 갑질도 그냥 넘기지 않는다. 억울한 일을 당하면 서슴없이 항의하고, 이에 보태어 SNS를 통해 많은 사람의 공감을 얻는 방법으로 저항을 하기도 한다.

옛 속담에 '억울하면 출세를 하라', '참을 인忍자 석자면 살인도 면한다'라는 말이 있다. 앞은 억울함을 당하면 힘을 키워 스스로 벗어나라는 뜻이고, 뒤는 참고 또 참으면 분노를 삭일 수 있다는 뜻이다. 이는 지금 생각해보면 참 어리석은 말이다.

갑질은 누구나 겪을 수 있지만 억울함을 푸는 방법은 사람마다 다르다. 요즘 갑질을 당하는 사람들의 대응 방법을 보면 두 가지 유형이 있는 듯하다. 하나는 주관적인 감정으로 갑질에 대응하는 것이고, 다른 하나는 논리적으로 다투어 저항하는 방법이다. 감정적으로 흥분하면 순간의 억울함에서 벗어날 수는 있어도 결과적으로 해결되는 일은 없다. 또한, 감정적인 대처만으로 문제를 해결하기는 어려울뿐더러 남은 감정은 한으로 맺혀 증폭될 것이다. 갑질로부터 온전하게 벗어나려면 감정적인 대응보다는 논리적이고 이성적인 대처가 훨씬 유효하다.

감정적으로 자신을 조금 달래되, 근본적인 접근은 논리와 이성으로 할 수 있었으면 한다. 그러면 억울함도 풀고 사회적으로 갑질하는 집단들도 점차 사라질 것이다.

실수가 본심이다

함석헌 선생님의 말씀이 맞다.

내가 한 말도 내 말이고, 내가 실수한 것도 내 실수다.

실수가 오히려 감추려고 했던 내 본심이다.

우리가 하고 싶지 않은 말이나 행동을 자신도 모르게 저지르면 그게 바로 실수이다. 실수 중에는 말실수가 참 많다. 말은 사람이 소통하는 가장 간편한 수단이기 때문에 자연히 말이 많게 되고, 말이 많다 보면 하지 말아야 할 말도 불쑥 하게 되는 경우가 많다.

예전에 읽은 글 중 함석헌 선생의 전집에 실린 서문에 이런 내용이 있다. 출판사에서 처음에 함석헌 선생의 글을 모아 책으로 내자고 했을 때 함 선생은 거절했단다. 그때 자신이 무슨 소리를 했는지, 지금도 그렇게 생각하는지, 혹 실수로 엉뚱한 말을 하진 않았는지 같은 것들이 두렵다는 게 거절의 이유였다. 결국엔 승낙

하였는데 이유를 이렇게 설명했다.

"설령 내가 한 말들이 배치되는 말이 있다고 하더라도 틀린 말도 맞는 말도 내가 한 것이고, 실수도 내가 한 실수이니 모두 다 나의 말이다."

나는 실수라는 것을 한번 생각해 본다. 정신과에서 환자를 치료하는 가설 중 프로이드의 정신분석학이라는 것이 있다. 여기 포함된 이론 중 당시에는 획기적이었던 것 중 하나가 무의식 이론이다. 그때까지만 해도 서양철학이나 의학에서 의식은 많이 다루었으나, 무의식이란 개념을 의학적으로 정리를 하여 활용을 한 것은 프로이드가 처음이었다. 눈에 보이지도 않는 무의식이란 것을 어떻게 설명해야 할까?

프로이드는 우리가 자면서 꾸는 꿈과 의식 수준에서 말이나 행동을 실수하는 사례를 모아 무의식적인 가설을 증명하려고 했다. 그는 사람은 보통 의식 수준에 올려서는 안 될 개인의 감정이나 행동을 의식적으로 눌러서 무의식 속으로 잠재우게 되는데, 이런 노력에도 불구하고 자제하지 못해서 생기는 것이 실수라고 했다. 그러니 우리가 생각하는 '실수'라고 하는 것은 이런 가설을 바탕으로 생각하면 '실수'가 아니다.

나는 대학생 때 문학동아리를 만들어 회장이 되었다. 문과에 있는 학생들도 많은데 의과대학에 다니는 내가 회장이 되다 보니 한 친구가 나를 시샘했다. 우리는 '문학의 밤'이라는 이름으로 시 낭송회를 열자는 논의를 했는데 이 자리에서 나는 그 친구와 의 견이 엇갈렸다. 그 친구는 시낭송을 하는 도중에 바이올린 독주를 넣자고 했고, 나는 문학의 밤이니 시낭송만 하자고 했다. 결국 합 의가 되지 않아 투표를 했는데, 바이올린 독주를 넣는 것으로 결 정이 되었다.

나는 이 낭송회의 사회를 맡았다. 사회를 보던 중 "이번 순서는 ㅇㅇㅇ이 나와서 빠이롱 독주를 하겠습니다. 곡목은 G선상의 아 리아입니다"라고 말했는데, 말을 하고 나니 '바이올린 독주'라고 해야 할 말을 '빠이롱 독주'라고 말해 실수를 한 것을 깨달았다. 이런 실수를 정신분석적 가설의 실수에 빗대어 생각해 본다면, 나 와 의견 대립을 했던 그 친구에 대한 못마땅함을 무의식속에 누 르고 있었는데 그만 자제력을 잃고 불쑥 다른 말이 나온 것이다.

이렇듯 실수라고 하는 것은 깊이 파고들면 실수를 가장한 본심 이거나 진담인 경우가 많다. 실수 없이 산다거나 대인관계에서 실 수 없이 소통한다는 것은 불가능에 가깝다. 실수는 누구나 다 하 는 것이라는 것을 인식하고, 그 실수의 의미를 혼자서 한번 생각 해본다면 자신의 성장에 도움이 될 것이다.

실수를 변명하려고 하다 보면 더 많은 실수를 하게 된다. 하나의 실수를 변명하기 위하여 열 가지 실수를 저지른다면 그 열 가지를 변명하기 위해서 또 얼마나 많은 실수를 저질러야 한다는 말인가?

　함석헌 선생님의 말씀이 맞다. 내가 한 말도 내 말이고, 내가 실수한 것도 내 실수다.

　실수가 오히려 감추려고 했던 내 본심이다.

선입견이 있으면
바로 보일 것도 보이지 않는다

선입견이란 어떤 대상에 대해서

이미 마음속에 가지고 있는 고정적인 관념이나 관점을 말한다.

선입견이란 어떤 대상에 대해서 이미 마음속에 가지고 있는 고정적인 관념이나 관점을 말한다. 개인이 가지고 있는 선입견은 다를 수 있으나 일반화되어 모든 사람이 믿고 있는 선입견도 있다.

지금 생각하면 우스운 이야기이지만, 나는 어릴 때 들었던 몇 가지 일반화된 선입견을 아직도 기억하고 있다. '키 큰 사람치고 싱겁지 않은 사람 없다', '안경 쓴 사람은 재수가 없다', '바늘로 이마를 찔러도 피 한 방울 안 나올 사람이다' 등 생각하면 이루 말할 수 없이 많다. 자라면서 이런 일반화된 선입견이 옳지 않다는 것을 알고 믿지 않았지만, 막상 이런 사람을 만나면 무의식중에 제일 먼저 이런 말들이 떠오른다.

요즘도 내 친구들은 내가 농담이라도 하나 던지면 이렇게 말한

다. "키 큰 사람치고 싱겁지 않은 사람 없다더니 딱 네가 그렇구나." 우리 어릴 때 이야기가 언제인데 아직도 그때 선입견을 앞세워서 몰아세우다니…. 내가 그 일반화된 선입견을 증명이라도 해준 듯한 느낌이다. 선입견이란 이렇게 지우기가 힘든 것이다.

대학교수로 있을 때 학생 하나를 입원시킨 적이 있다. 외래에서 간단한 문진과 진찰을 한 후 나는 서슴지 않고 '히스테리'라는 진단을 붙여 그를 입원시켜 치료했다. 내가 듣기에 그는 교과서에 나오는 히스테리 환자가 표현할 수 있는 모든 것을 갖춘 듯한 환자였기 때문에 어렵지 않게 그럴 수 있었다.

여름방학이 되자 이 학생은 고향인 부산에서 치료받길 원했다. 그래서 나는 부산대 병원에 있는 친구 교수에게 의뢰서를 쓰고 이 학생을 전원시켰다. 그런데 얼마 지나지 않아 친구 교수에게 전화가 왔다. "이 교수, 이 환자 히스테리 맞아?" 친구 교수는 자기가 이 학생을 검사해보니 히스테리가 아니고 가벼운 바이러스성 뇌 질환인 것으로 확인했단다. 이게 무슨 소리인가? 히스테리와 이 질환은 전혀 다른 질병인데? 설령 비슷한 증상이 있을 수 있으나 원인은 전혀 다른 질병이다. 그리고 복잡하게 진단할 필요도 없이 문진만으로도 간단히 구별할 수 있는 질병이다.

깜짝 놀란 나는 이 학생의 병상 기록지를 찾아 다시 천천히 읽어보았다. 그리고 더욱 놀랄 수밖에 없었다. 이 기록지만으로도 바이러스성 뇌 질환을 의심했어야 마땅한데 나는 한 번도 그 의심을 하지 못한 것이다.

'기록지만 보면 의대를 갓 졸업한 초년병 의사라도 쉽게 구별할 수 있는 의료정보가 가득 담겨 있는데…. 나는 교수라는 사람이 왜 이것을 놓쳤을까?'

생각해보니 답은 선입견이었다. 환자의 말에 의문을 품고 끝까지 듣지 않고, 초기에 이야기하는 몇 마디의 말을 듣고 성급하게 진단을 붙인 것이다. 물론 이 두 질병의 증상이 서로 비슷한 것이 없지는 않다. 그렇지만 다른 증상을 좀 더 자세히 들어보면 쉽게 구별할 수도 있는데 나는 선입견에 매몰되어 다른 생각을 할 수 없었던 것이다.

내가 어릴 때 들었던 일반화된 선입견의 이야기로 돌아가 보자. 키가 크다고 다 싱거울까? 안경을 꼈다고 다 재수 없을까? 아니다. 조금만 더 생각해보면 이런 편견들은 허무맹랑한 것이지만 의외로 일반인들에게 각인되어 오래 기억되고, 때로는 그것을 믿는 사람도 많다. 나만 봐도 그렇다. 일반화된 선입견이 잘못된 것임을 알았음에도 불구하고 막상 그런 사람을 만나면 선입견이 생각나니, 나도 이런 선입견이 각인된 것이다. 앞서 말한 학생 이야기도 마찬가지다. 히스테리 증상에 대한 선입견 때문에 그가 말한 다른 증상을 귀담아듣지 않은 것이 나의 실수다.

실수는 두 번 할 것이 못 된다. 나는 그 이후로 의학적 선입견을
버리는 데 많은 노력을 기울였다.

선입견이 있으면 바로 보일 것도 보이지 않는다.

생각해 보았으면 하는 것

결혼은 필수일까요?

"결혼은 필수가 아니고 선택이다"라는 말이 옳다.

마음 가는 대로 선택하고, 그 선택의 결과를 자신이 책임질 수 있다면,

어떤 선택도 가치 있는 일이다.

나는 내년이면 결혼 60주년을 맞이한다. 참 오래도 살았다. 옛
말에 결혼은 해도 바보고 안 하는 사람은 더 바보라고 했다. 하든
안 하든 바보라는 이야기인데, 기왕이면 해보고 바보가 되는 것이
낫지 않을까? 나는 '인구 미래학'이라는 과목에서 결혼과 성에 관
한 강의를 할 때 이 말을 했다. 같은 시간에 내가 한 말이니 두말
하지는 않았을 텐데 듣는 학생의 질문은 두 가지이다.

　"선생님은 왜 우리보고 결혼하라고 강요하시나요?"

　나는 강요한 적이 없다. 결혼은 이런 것이라고 설명했을 뿐이다.

　"선생님은 왜 우리보고 결혼하지 말라고 하시나요?"

　역시 이런 적도 없다. 내가 한 말은 한 가지인데 듣는 사람의 마
음에 따라 결혼을 하라는 뜻으로 듣기도 하고 하지 말라는 뜻으

로 듣기도 한다. 이는 오로지 그 강의를 듣고 소화하는 수강생의 마음이 반영된 것이다.

1980년대에 들어와 결혼은 필수인가 선택인가 하는 주제가 논란이 됐다. 2020년을 맞이한 지금에 와서는 이런 질문 자체가 진부해졌다. 지금은 1인 가구라는 단어가 유행한다. 미혼 가구의 수가 결혼한 가구의 수를 앞서고 있으니 가족이라는 개념도 많이 바뀌었다. 손자, 손녀와 이야기를 나누어 봐도 하나같이 자기는 결혼하지 않겠다고 한다. 그래서 내가 결혼에 대해 조금 장황하게 설명하면 만약 자기가 꼭 마음에 드는 사람이 생겨 결혼을 하더라도 자식은 낳지 않겠다고 한다.

젊은 사람들은 왜 결혼을 마다하는 걸까? 손자, 손녀와 이야기하다 보면 그들이 주장하는 이유 몇 가지가 있다. 우선은 경제력이다. 혼자 살기도 힘든데 배우자와 자식까지 부양해야 하기 때문이다. 두 번째는 혼자가 자유롭다는 것이다. 결혼에 묶여 자유를 잃기 싫다는 것이다. 세 번째는 가족이라는 집단에 적응하기가 어렵다는 것이다. 나 같은 옛날 사람은 유교적인 문화에서 자랐기 때문에 혼자 산다고 하는 것을 생각해 본 적이 없다. 무엇이 편하고 불편한가에 대해 생각해 본 적도 없고, 결혼하지 않아도 되는 것 아닌가에 대해 추호의 의심도 없이 살아왔다.

세월이 흐르며 자녀를 낳고 손자, 손녀가 커가는 모습을 보며 그들이 생각하는 결혼과 내가 생각하는 결혼의 괴리가 아주 크다는 것을 인식했다. 그리고 나는 내가 겪은 과거의 가치가 꼭 옳다고만 내세울 자신이 없다. 세월이 흐르면 사회관습도 변한다. 요즘 세상은 어떤 결혼관이 옳고 틀린지를 이야기하는 것 자체가 너무 진부해졌다.

이러니 내가 손자, 손녀에게 권할 수 있는 책임 있는 이야기는 없다. 내가 한 말을 그대로 쫓다가 손자들이 불행해진다면 내가 어떻게 책임지겠는가….

그래도 한마디 남기자면 "결혼은 필수가 아니고 선택이다"라는 말이 옳다는 것이다.

마음 가는 대로 선택하고, 그 선택의 결과를 자신이 책임질 수 있다면, 어떤 선택도 가치 있는 일이다.

같이 살면 되지요

동거가 좋으냐, 나쁘냐 하는 윤리적 판단은 의미 없는 기준이다.

삶이나 결혼의 형태는 필요 때문에 자연스럽게 생기는 것이지,

과거처럼 규격화된 틀 속에 콕 집어넣어서 생각할 문제는 아니다.

다만 서로 자유롭게 살더라도 서로 약속한 것이 있다면

그것을 충실히 이행할 책임과 의무가 있다는 것도

확실히 알았으면 한다.

1960년대에 산업화 시대로 접어들며 많은 사람이 도시로 이주했다. 공장이 도시에 집중해서 생겼고 일하고자 하는 젊은 사람들이 도시로 몰렸다. 그때 생겨난 사회문제가 성 문제였다. 각 사업장에서는 이 문제를 해결하기 위해 기숙사로 대처했다. 남자 기숙사와 여자 기숙사는 구분되어 있었다. 이렇게 구분되어 있었음에도 불구하고 많은 성 문제가 발생했다.

좀 더 앞선 생각을 한 젊은이들은 기숙사 생활이 아닌 자취를 선택했다. 근무하는 시간대가 다른 남녀가 방 하나를 얻어 동거하는 경우도 많았다. 당시에는 이런 행위를 큰 일탈로 간주하여 직장마다 규격화된 성교육을 많이 실시했다.

나는 대학생인 손주가 넷이나 있다. 그들과 결혼에 관해 이야기하다 보면 하나같이 결혼은 하지 않겠다고 한다. 여러 가지 사회적 조건을 충족시킬 수 없어서 제도권적인 결혼은 싫다는 것이다. 그러면 독신주의자냐고 물었더니 그것도 아니란다. 여자친구를 데려와 보여주기도 하는데, 내 눈에는 동거에 가까운 모습이지만 결혼은 아니란다. 결혼은 안 하면서 독신주의자는 아니라니. 아날로그적인 내 사고로는 이해하기 조금 힘들다.

사회는 뒤가 아닌 앞으로 진화한다. 따라서 내 생각보다는 어쨌든 내 손주들의 생각이 더 옳다고 전제해 본다.

학교에 재직했던 이유로 제자들의 주례를 많이 섰다. 결혼이란 넓은 의미에서 서로의 평생을 함께하자는 계약이라고 생각한다. 그래서 그 계약을 좀 더 구체적으로 서로 다섯 가지씩 자발적으로 제안하게 하고, 그것을 중심으로 결혼서약을 시켰다. 그리고 결혼 후에도 사회는 진화할 테니 이 서약을 그때 사회환경에 맞도록 수정하고 다시 서약하면서 새롭게 결혼하기를 권했다.

결혼이란 서로가 노력해야 할 의무가 있는 만큼, 계약을 충실하게 이행해야 할 의무가 있다고 생각했다. 그런데 요즘 세대는 이런 제약에 얽매이는 것을 싫어하는 듯하다. 그러니 결혼이라는 제도적 속박을 마땅치 않게 생각하나 보다.

동거가 좋으냐, 나쁘냐 하는 윤리적 판단은 의미 없는 기준이다. 삶이나 결혼의 형태는 필요 때문에 자연스럽게 생기는 것이지, 과거처럼 규격화된 틀 속에 콕 집어넣어서 생각할 문제는 아니다.

다만 서로 자유롭게 살더라도 서로 약속한 것이 있다면 그것을 충실히 이행할 책임과 의무가 있다는 것도 확실히 알았으면 한다. 이 또한 속박이라고 생각한다면 그것은 진정한 자유로움이 아니다.

네팔 세르파 족은 청혼, 동거, 출산을 경험한 후 마지막에 성대한 결혼식을 올리는 풍습이 있다. 총 네 번의 기회가 있으니, 이혼한 사람은 큰 사회적 질책을 받는다. 이 풍습도 현대사회로 바뀌며 점점 사라져 가고 있지만, 이런 풍습의 뜻은 생각해 볼 가치가 있다.

인싸와 아싸

열심히 정진한다는 것을 전제로 하면

이 모든 것은 단순한 성향 차이일 뿐,

서로의 장단점이 뚜렷하다.

자신이 '아싸'라고 생각되어 '인싸'를 부러워하고

자신을 타박하는 것은 불필요하다.

스스로 자신을 타박하지 말자.

인싸와 아싸. 이는 성향 차이라고 생각한다. 어떤 집단을 가도 자기 주도적이며 밀집된 형태를 지향하는 사람이 있다. 반면에 비교적 수동적이고 개별적인 형태를 지향하는 사람도 있다. 그들은 서로 추구하는 방향이 다를 뿐이다. 이 둘은 공존해야 함에도 불구하고, 단순히 구분만 짓는 것 같아 안타깝다.

　소위 '인싸'는 모든 것에 중심이 되는 빛나는 사람, '아싸'는 상대적으로 어울리지 못하고 업무 능력도 낮은 사람으로 취급된다. 이는 매우 잘못된 생각이다.

　인싸는 자기 설계대로 일이 흘러가야 하는 마음 때문에 적극적으로 행동한다. 주도적인 습관으로 인해 적응력이 빠르니 능력 또한 높다고 평가된다. 아싸는 그 일에 대해 자기 의견보다 대세를 따르려는 '배려'와 자신만의 길을 가는 '확고함'이 있다고 볼 수 있다. 자기 생각이 확고하더라도 그것을 강요하지 않고 밀고 나가는 '우직함'도 있다.

 일을 느리게 학습하더라도 일정 수준에 올라가면 앞으로 치고 나가는 사람들이 있다. 이는 사람마다 성장 그래프가 달라서 일어나는 현상이다. 물론 일을 게을리하여 적응이 느린 거라면 업무 능력의 문제이다. 그러나 노력을 했는데도 능력이 한 번에 오르지 않는 것은 나의 적응도가 상대적으로 낮을 뿐이다. 이는 단지 어느 순간에 도달하기까지 에너지가 많이 필요한 것이기에 꾸준히 노력하면 해결할 수 있는 문제이다. 그러니 스스로 움츠러들 필요가 전혀 없다.
 열심히 정진한다는 것을 전제로 하면 이 모든 것은 단순한 성향 차이일 뿐, 서로의 장단점이 뚜렷하다.

 자신이 '아싸'라고 생각되어 '인싸'를 부러워하고 자신을 타박하는 것은 불필요하다.
 스스로 자신을 타박하지 말자.

학벌이 사라지는 시대가 온다

코로나가 주는 사회 변혁의 영향은 이미 많은 것을 바꾸어 놓았다.

학벌이 사라지는 시대도 곧 올 것이다.

수학을 잘하지 못했다. 그런데도 중·고등학교 성적을 보면 수학 성적이 매우 우수하다. 사실 이때가 6·25전쟁 시기였다. 선생님이나 학생 모두 공부에 열중하기 힘든 상황이었다. 그러다 보니 선생님들은 그냥 교과서에 있는 문제를 그대로 시험에 냈다. 나는 수학의 원리를 이해하지 못한 채 그냥 답을 외워버렸다. 외워서 썼으니 점수는 잘 나올 수밖에 없었다.

얼마 전 가족 모임에서 대화를 하던 중 '가분수'라는 단어가 나왔다. 그게 무슨 소리냐고 하니 가족 모두가 나를 쳐다보며 중학교 때 배우는 것인데 그걸 모르냐고 했다. 그러던 중 막내 손녀가 이렇게 말했다. "왜 학교에서 어려운 수학을 가르치는지 모르겠어요. 물건을 사고 잔돈을 계산해서 받을 수준이면 될 텐데…." 내

괜찮아 나도 그랬으니까

마음에 딱 드는 말이었다.

내 생각도 그렇다. 정말 딱 그 정도면 사회생활에 아무 지장이 없을 것 같다. 그러나 사람들은 그렇게 생각하지 않는 듯하다.

자본주의 사회에서 경쟁은 필수다. 눈에 가장 잘 띄는 경쟁이 무엇일까 생각해보면 학력이다. 그러니 수단과 방법을 가리지 않고 소위 명문대에 입학하려고 한다.

나는 '학교'보다 '학과'가 더 중요하다고 생각하는 사람 중 한 명이다. 아직은 이런 생각이 사회적 공감을 얻기에는 어려워 보인다.

코로나바이러스로 인해 여러 상황이 급변했다. 그중 하나가 '영상 교육'이다. 일찍이 사이버 대학이라는 영상 강의만 하는 대학이 생겼다. 나도 72살의 나이에 입학하여 4년간 공부한 적이 있고, 동시에 사이버 대학 상담 학과의 교수로 재직한 적도 있다.

그때 학생들에게 이런 말을 한 것이 기억난다.

"앞으로 오프라인 대학은 사라질 것입니다. 명문대도 명문대가 아닌 대학도 모두 사라지고 남는 것은 오직 사이버 대학일 것입니다."

코로나 사태로 일반 대학들도 영상을 활용한 비대면 강의를 하고 있다. 이 사태를 보며 내가 한 말이 헛말은 아니었구나 하는 확신을 갖게 되었다. 이처럼 앞으로 많은 사회적 현상이 변화를 일으킬 것이다. 그리고 그중 가장 큰 변화는 이런 영상이나 인공지능 같은 분야의 발전이 아닐까 싶다. 그런 시대를 맞이하면 대학이 꼭 교수를 가질 필요가 없다. 교실도 필요 없을 것이다. 그런 시기에 과연 명문대나 명문대가 아닌 대학이 따로 있겠는가? 결국 '학벌'이 아니라 능력과 맞는 '학과'가 중요한 시기가 도래할 것으로 생각한다.

코로나가 주는 사회 변혁의 영향은 이미 많은 것을 바꾸어 놓았다.
학벌이 사라지는 시대도 곧 올 것이다.

아무거나

혼자 별나게 다른 음식을 주문하면 눈총을 받던 시기가 있었다.

요즘 청년들의 문화가 앞으로도 계속 이어지길 바란다.

나이든 우리가 배워야 할 좋은 문화이자 습관이다.

옛날에는 식당에서 성질 급한 한 사람이 무엇을 먹겠다고 하면, 나머지 사람은 너도나도 같은 음식을 주문하곤 했다. 한 마디로 자기주장이 없었다.

　요즘엔 여럿이 식당을 가더라도 자기가 먹고 싶은 음식을 따로 주문하고 계산도 각자 한다. 처음에는 이런 광경이 익숙하지 않았다. 그런데 요즘은 이런 방식이 참 합리적이라는 생각이 든다.

　80년대 초에 한 달간 유럽을 여행한 적이 있는데 당시 우리와 몇 가지 다른 습관을 보고 놀란 경험이 있다.

　먼저 음식 주문이다. 여럿이 간 식당에서 각자 자기가 먹고 싶은 것을 따로 주문했다. 당시에는 여행을 다닐 때 식당을 가면 똑

괜찮아 나도 그랬으니까

같은 음식을 주문하고 먹는 습관에 젖어 있었기에 이런 문화는 내게 퍽 생소했다.

그다음은 계산이다. 종업원이 돈주머니를 차고 일일이 음식을 먹은 사람마다 찾아가며 값을 받는다. 이때 종업원이 꼭 묻는다.

"Seperate or together?(따로 계산하시겠어요? 아니면 함께 계산하시겠어요?)"

나는 습관이 되어있지 않아서 그런지 음식을 따로 주문하면 공연히 식당 주인에게 미안한 생각부터 든다. 따지고 보면 미안할 게 하나도 없는데 왜 그런 생각을 오래도록 가지고 있었을까? 아마 어렸을 때부터 받은 집단적 교육의 잔재일 것이다.

손주나 또래의 청년들과 함께 식사하면 무엇을 먹을 건지 스스로 선택하고 주문한다. 그래서 별로 걱정할 것이 없다. 그런데 내 나이 또래의 친구나 후배들과 식사하면 이야기가 달라진다. 그냥 각자 무얼 먹을지 결정해서 주문하면 될 텐데, 꼭 "너는 뭘 먹을래?"라고 하며 굳이 다른 사람이 무얼 먹을지 묻는다. 그렇게 묻고도 결정하지 못해서 빨리 메뉴를 정하라고 하면 "아무거나"라고 답한다. 아무거나 주문한 사람은 음식이 마음에 안 들면 남의 탓을 하는 경우가 많다. 자기가 결정한 것이 아니기 때문이다.

지금 손자들 또래의 음식문화가 우리 때보다 진화된 문화라고 생각한다. 왜 우리처럼 나이 든 사람들은 먹고 싶은 것 하나도 당

당하게 말하는 습관이 없을까? 아마 한 음식을 먹음으로써 집단 심리가 생기고, 그 집단에 소속감이 생기는 오랜 습관 때문이 아닐까 생각해 본다.

혼자 별나게 다른 음식을 주문하면 눈총을 받던 시기가 있었다. 요즘 청년들의 문화가 앞으로도 계속 이어지길 바란다. 나이든 우리가 배워야 할 좋은 문화이자 습관이다.

마침내 여백

당신도 언젠가는 나와 같은 여백을 맞이할 것이다.

그때쯤 되면 이렇게 말해 보라.

"아! 나도 마침내 여백이 왔구나."

반가운 택배가 하나 왔다. 주소를 보니 만나본 지 한참 된 친구였다. 그와는 의과대학에서 함께 공부했고 군의관 시절에는 논산병원에서 함께 근무한 인연도 있다. 제대하고 나서 나는 연세대학 세브란스 병원에서 교직 생활을 했고, 그는 포항에서 비뇨기과 전문병원을 차려 개원했다. 이렇게 서로 가는 길이 달랐으니 어쩌다 모이는 동기의 모임 때나 만나지, 자주 보진 못했던 친구이다. 그런 친구에게서 택배가 왔으니 무척 반가웠다.

　상자에는 그가 지은 시집이 들어 있었다. 그는 학교 다닐 때도 틈틈이 시를 쓰곤 했는데, 나는 시를 즐기는 사람이라 서로 이야기를 하면 잘 통했다. 시집을 열어보니 제목이 《마침내 여백》이었다.

hebe_kh_

'마침내'라는 단어는 모르긴 해도 우리 나이가 노인 반열에 올랐다는 것을 뜻한다고 생각된다. 학창시절이나 의사로서 사회생활의 첫발을 디뎠을 때는 우리 모두 젊었을 때니까 '마침내'란 단어는 어울리지 않는 시절이었다. 그러니 '마침내'라는 표현은 우리가 명실상부한 노인 대열에 올라 있다는 것을 자각했을 법한 단어다.

뒤에 따라오는 단어는 '여백'이다. 여백은 여유를 말하는 것 같다. 나는 이 여백을 늘 그림으로 비교하여 설명하곤 했다. 서양화에는 여백이 없는 반면, 동양화에는 꽉 채워지지 않은 여백이 너무 많다. 어떤 그림은 그림보다 여백이 더 많을 정도다. 서양화는 그릴 때 다른 것을 그리고 싶으면 덧칠하여 바꾸면 되지만, 동양화는 덧칠하여 그릴 수가 없다. 한 번 붓이 지나가면 그것으로 끝이다. 다른 비교법도 있겠지만 내가 동서양의 그림을 비교하는 가장 큰 기준은 이 여백이다.

이런 내 마음을 알기라도 하듯이 책 제목이 《마침내 여백》이다. 나는 이를 '마침내 우리도 노인의 반열에 올라 마음에 여백이 생겼구나' 하는 뜻으로 받아들였다. 그래서 그런 마음의 뜻을 무엇이라고 표현했을지 궁금하여 책 안의 시 제목을 훑어보았다. 그런데 '마침내 여백'이라는 제목의 시는 없었다. 이상했다. 보통은 실려있는 시들 가운데 가장 대표적인 시의 제목을 시집의 제목으로 삼는데…. 아마 실려있는 대부분의 시를 여백으로 생각하여 책 제목 자체를 《마침내 여백》이라고 하지 않았을까 생각해 본다.

친구에게 전화했다. 시집에 대한 답례로 수필집을 보내주려고 했더니 그는 자신은 노안이라 책을 읽는 것이 힘들다고 했다. 나는 질병으로 한쪽 눈을 실명했고 다른 한쪽도 시력이 좋지 않은데⋯. 나는 답했다. "나는 아예 보이지도 않으니 나보다 낫구나(웃음)."

시집을 펼쳐보니 "노안"이라는 시가 있다. 공감이 가서 옮겨본다.

조간신문 사회면에/내리깔리는 아침 연기가/행간을 뒤덮는다/기침이 나고/눈이 아리더니/눈물이 쏟아진다//눈물을 닦고/돋보기를 들이대도/트이지 않는 눈/아프게 와서 박히는 활자들이야/오감으로 더듬는다//전면에 일렁이는/진실이사 내 온몸으로/어이 알아내리/그냥 눈물 흘리며/살아가련다

이 나이에 이렇게 전화로 이런저런 이야기를 할 수 있는 이것이 바로 여백이 아니겠는가. '우리에게 마침내 여백이 왔구나' 하는 생각이 든다.

당신도 언젠가는 나와 같은 여백을 맞이할 것이다. 그때쯤 되면 이렇게 말해 보라.

"아! 나도 마침내 여백이 왔구나."

범사에 감사하라고?

지금은 범사에 감사하는 것이 어려울 것이다.

나도 그랬으니까.

시간이 걸려도 깨닫기만 하면 된다.

감사함을 모르고 일생을 마치는 사람도 많을 것이기에….

살다 보면 사람과 사람 사이에서 부딪히는 일이 많다. 생각이 다를 수도 있고, 서로의 이해관계가 맞지 않아 다툴 수도 있다. 대부분 사람은 서로 고마운 감정보다 섭섭한 감정을 더 오랫동안 잊지 않고 간직하는 경우가 많다.

젊었을 때 나는 이런 생각을 했다. '왜 범사에 감사하라고 할까? 범사라면 모든 일인데, 모든 일에 감사하라니···. 물론 감사해야 할 일도 있겠지만, 감사하지 못할 일도 있을 텐데···.' 범사에 감사하라는 말은 성경에 나온 말이지만, 기독교인뿐만 아니라 많은 사람이 일반화하여 덕담으로 주고받는다.

나이가 들면서 이 말이 조금씩 가슴에 와닿았다. 지금은 확실히 이 말의 뜻을 가슴으로 새겨 범사에 감사하고 있지만, 나이가 지금보다 조금 더 어렸을 때는 '범사'를 이해하지 못했다. 왜 모든 일인가?

의과대학 졸업 후 수련의 시절에는 월급이 없었다. 신혼에 자녀도 생기고 가정을 꾸려야 할 형편인데 월급이 없으니 난감한 일이었다. 엎친 데 덮친 격으로 당시에는 의사회비를 납부하지 않으면 의사면허를 취소했다. 회비를 납부해야 하는데, 회비가 그 당시 내 생활비의 반 정도를 차지했다. 나는 회비를 낼 처지가 안 되어 친구를 찾아가 돈을 빌려 의사회비를 납부하고 면허를 유지했다. 수련의를 하는 동안 몇 번이나 신세를 졌으니, 참 고마운 친구였다. 나는 전문의가 된 후 경제적으로 안정되었을 때, 그가 부탁하는 어떤 일도 마다하지 않고 무조건 들어주었다. 그의 도움에 대해 나의 감사를 표한 것이다.

반대의 경우로 나를 속여 경제적으로 손해를 입힌 친구도 있다. 이 사건은 내 기억에도 오래 남았지만, 아내에게도 깊은 상처를 주었던 것 같다. 지금도 그 이야기가 나올 때마다 흥분하는 것을 보면 마음에서 지우기가 참 어려운 일인가 보다. 그런데 범사에 감사하라니…. 그 나쁜 사람을 어떻게 용서하고 감사한 마음을 가지란 말인가?

생각해 보았으면 하는 것

젊어서는 알지 못했으나, 지금은 나를 속인 그 친구에게도 감사하다. 그의 속임을 통해서 더 이상 다른 사람들로부터 같은 일을 당하지 않게 되었다. 그러니 그는 나에게 좋은 교훈을 준 선생이 아닌가? 이런 사고체계로 바뀌기 시작하니 정말 감사하지 않을 일이 하나도 없다. 이래서 범사에 감사하라는 말씀이 있었구나 싶다.

그러나 이 말이 우리에게 교육적인 의미를 지닌다고 해서 그것이 금방 행동으로 실행되지는 않는다. 젊었을 때 진작 이렇게 깨닫고 행동할 수 있었으면 얼마나 좋았을까 하는 생각은 든다. 하지만 정작 그때는 그럴 수 있을 만큼 가슴이 넓지 못했다. 나이라는 것이 그냥 먹는 것은 아닌가 보다. 나이가 들수록 나에게 해를 준 친구의 일조차 감사함으로 둔갑하다니…. 참 신기한 일이다.

이런저런 생각을 해보면 젊었을 때 미처 생각지 못했던 모든 것이 감사하게 느껴진다. 이제는 잠을 자고 나서 아침에 깨어나는 일도, 깨어나서 하루를 보낼 수 있는 소일거리가 있다는 것도 감사한 일이 되었다. 머리가 아닌 가슴으로 감사함이 느껴지는 것 또한 감사한 일이다. 늦었지만 지금 이 나이에 범사라는 의미를 알아차렸다는 것만 해도 감사하다.

괜찮아 나도 그랬으니까

지금은 범사에 감사하는 것이 어려울 것이다. 나도 그랬으니까. 시간이 걸려도 깨닫기만 하면 된다. 감사함을 모르고 일생을 마치는 사람도 많을 것이기에….

느림의 미학

여유는 시야를 넓혀 주고 더 많은 행복과 즐거움을 안겨 줄 수 있다.

이제는 느림의 미학을 느끼는 삶을 지향해 보는 것도 좋을 듯하다.

느리다는 것은 말이나 행동이 빠르지 않은 것이다. 느림과 빠름은 말이나 행동의 상대적인 개념이긴 하지만 눈에 띄게 다르다.

1982년 히말라야 마칼루봉을 등정하기 위해 네팔 땅을 밟았다. 공항에 내리자마자 크게 두 가지를 보고 놀랐다. 하나는 처음 보는 이질적인 문화였고, 다른 하나는 네팔 사람들의 느릿한 행동이었다. 몇 개월 동안 네팔에 있으며 이 두 가지를 더 구체적으로 실감할 수 있었다.

히말라야 산간지역에서 우리와 외모나 생활 양식이 비슷한 몽골리안들을 만날 수 있었다. 이들에게는 익숙한 동질감이 느껴졌다. 반면에 네팔 중부와 인도 국경에 인접한 탈라이 지방에 사는

사람을 만나면 이질적인 문화가 강하게 느껴졌다.

그런데 이 두 종족이 보여주는 공통점이 있었다. 바로 느릿함이다. 그들은 서두르는 법이 없고 조용했다. 카트만두 시내에도 차가 별로 없어 많은 사람이 느긋하게 걸어 다녔고 상점 간판에는 이렇게 적혀 있었다.

'Open: Sunrise, Close: Sunset(해가 뜨면 문을 열고 해가 지면 문을 닫는다.)'

해가 지고 나면 카트만두는 어둡고 적막했다. 우리는 무엇이든 빨리하려는 습관이 몸에 배어 있는데, 그런 습관으로 본 네팔 사람들은 퍽 게으르다는 인상이었다. 게으름이 아니라 느릿한 여유였지만, 빨리하는 습관이 밴 내 눈에는 그렇게 보였던 것이다.

네팔 지인 한 사람은 내게 이렇게 말했다.

"왜 한국 사람은 그렇게도 바빠요?"

느릿한 그들의 생활 습관으로 보기엔 우리가 이상했을 것이다. 우리나라가 옛날부터 급함을 추구한 것은 아니다. 단기간에 산업화를 이루다 보니 그런 개념이 생긴 것이다. 압축성장의 성공으로 이룬 것도 많지만, 잃은 것도 많다. 그 잃은 것 가운데 하나가 바로 여유로움이다.

우리는 급하게 살 수밖에 없는 처지에 놓여 있다. 그래서 삶의 여유를 즐기는 휴식에서조차 급함에 쫓기곤 한다.

여유는 시야를 넓혀 주고 더 많은 행복과 즐거움을 안겨 줄 수 있다.

이제는 느림의 미학을 느끼는 삶을 지향해 보는 것도 좋을 듯하다.

괜찮아 나도 그랬으니까

이근후 정신과 전문의가 알려주는 서툴지만 내 인생을 사는 법

초판 1쇄 발행	2020년 10월 23일
초판 3쇄 발행	2020년 11월 20일

지은이	이근후
그림	조은소리, 조강현

펴낸이	신민식
펴낸곳	가디언
출판등록	제2010-000113호

주소	서울시 마포구 토정로 222 한국출판콘텐츠센터 306호
전화	02-332-4103
팩스	02-332-4111
이메일	gadian7@naver.com
홈페이지	www.sirubooks.com

ISBN 979-11-89159-73-3 (03190)

이 도서의 국립중앙도서관 출판예정도서목록(CIP)은 서지정보유통지원시스템 홈페이지 (http://seoji.nl.go.kr)와 국가자료공동목록시스템(http://www.nl.go.kr/kolisnet)에서 이용하실 수 있습니다.(CIP제어번호: CIP 2020043210)